< SÉRIE QR >

N° 49

DU MÊME AUTEUR
CHEZ LE MÊME ÉDITEUR

Hongrie-Hollywood Express, roman, 2011

MAYONNAISE

Le Quartanier Éditeur
4418, rue Messier
Montréal (Québec) H2H 2H9
www.lequartanier.com

ÉRIC PLAMONDON

MAYONNAISE

roman

1984 – VOLUME II

LE QUARTANIER

Le Quartanier remercie de leur soutien financier
le Conseil des Arts du Canada
et la Société de développement des entreprises
culturelles du Québec (SODEC).

Gouvernement du Québec – Programme de crédit d'impôt
pour l'édition de livres – Gestion SODEC.

Le Quartanier reconnaît l'aide financière
du gouvernement du Canada
par l'entremise du Fonds du livre du Canada
pour ses activités d'édition.

—

Diffusion au Canada : Dimedia
Diffusion en Europe : La librairie du Québec (DNM)

—

© Éric Plamondon et Le Quartanier, 2012

Dépôt légal, 2012
Bibliothèque et Archives nationales du Québec
Bibliothèque et Archives Canada

ISBN : 978-2-923400-94-5

Il n'y a qu'un problème philosophique vraiment sérieux : c'est le suicide. Juger que la vie vaut ou ne vaut pas la peine d'être vécue, c'est répondre à la question fondamentale de la philosophie.

ALBERT CAMUS
Le mythe de Sisyphe

Ce n'était pas un acteur. C'était une star !

JOHNNY WEISSMULLER JUNIOR
à propos de son père

1

À VOTRE SANTÉ

Puis un jour j'y suis arrivé. J'ai réussi à faire une mayonnaise. J'y suis tellement bien arrivé que je me suis mis à essayer toutes sortes de variations : à la cuillère en bois, au batteur électrique, au mixeur, au robot, à la fourchette, au fouet, avec de l'huile de tournesol, avec de l'huile d'arachide, avec de l'huile d'olive, avec plus ou moins de sel, de poivre ou de moutarde. Je me suis mis à me passionner pour cette mystérieuse émulsion, pour ses probabilités de réussite et d'échec. J'ai cassé des douzaines d'œufs et j'ai varié à foison. J'ai fait des mayos jaunes avec le vitellus. J'ai fait des mayos blanches en gardant l'albumine. J'ai fait des mayos roses avec un peu de ketchup et des mayos vertes avec de l'avocat.

Puis le verdict est tombé. Mon médecin me l'a annoncé. Le cholestérol venait d'entrer dans ma vie. Je frôlais l'arrêt cardiaque. Pour fêter ça, j'ai fait une sauce cocktail, à savoir une mayonnaise à laquelle on ajoute du Tabasco et du whisky. À votre santé !

2

JAMAIS

Je ne serai jamais le parrain de la Cosa Nostra. Je ne serai jamais chef d'escadrille ou pilote de navette spatiale. Je ne serai jamais Tom Cruise, Tom Waits ou Tom Ewell. Je ne coucherai jamais avec Madonna. Je ne jouerai jamais en finale contre Nadal. Je ne driblerai jamais comme Michael Jordan. Je n'aurai jamais le prix Nobel. Je ne me ferai jamais une ligne avec un top-modèle dans les chiottes du Studio 54.

Je ne serai jamais guitariste, violoncelliste, pianiste, trompettiste ou accordéoniste. Je n'habiterai jamais un loft au dernier étage d'un gratte-ciel à New York. Je n'habiterai jamais une villa au bord du Pacifique. Je ne vivrai jamais dans un igloo ou une maison sur pilotis.

Je ne serai jamais président, jamais premier ministre, jamais CEO, jamais directeur général. Je ne ferai jamais fortune en jouant à la Bourse. Je ne deviendrai jamais riche en jouant à la roulette à Monte-Carlo ou au blackjack à Montevideo.

Je ne découvrirai jamais la pénicilline. Je n'inventerai jamais l'ampoule électrique. Je ne bâtirai jamais de cathédrale ni de pyramide. Je ne serai jamais marin, coureur automobile, neurochirurgien ou mécanicien. Je ne vendrai jamais de beignets sur la plage ou de filles au coin des rues. Je ne serai jamais agent secret ou archéologue. Je n'escaladerai jamais l'Everest ou le Kilimandjaro. Je ne chasserai jamais l'éléphant blanc, le tigre du Bengale ou l'ours polaire.

Je ne deviendrai jamais pape, jamais pop star, jamais Mao, jamais Marlon Brando. Je ne descendrai jamais au fond d'une mine de diamants. Je ne retrouverai jamais l'Atlantide. Je n'irai jamais au centre de la Terre. Je ne marcherai jamais sur la Lune. Je ne déchiffrerai jamais la pierre de Rosette. Je ne traverserai jamais le Sahara à dos de chameau.

À quarante et un ans, je ne serai jamais quelqu'un d'autre que moi-même, Gabriel Rivages. Ai-je pour autant raté ma vie ?

3

TACOMA

Dimanche soir en famille, en mangeant une pizza, on a regardé *La ruée vers l'or* de Charlie Chaplin. Une certaine définition d'un certain bonheur, je suppose. Nous voilà donc devant un classique. Charlot en prospecteur solitaire se rend au Klondike tenter sa chance. Comme tant d'autres, il marche dans la neige. Des milliers d'hommes marchent vers le rêve de l'or. Des milliers d'hommes risquent le tout pour le tout. Le film est réalisé en 1925. On est encore à l'époque du muet. En 1942, avec l'arrivée du son, Chaplin décide d'ajouter musique et voix off à l'œuvre originale. C'est ainsi que *La ruée vers l'or* devient le seul film muet de l'histoire du cinéma à avoir été mis en nomination pour un oscar dans la catégorie « Meilleure prise de son ». C'est cette version, en français, que nous regardons. Henri Virlogeux fait la narration. Le film est dédié à Alexander Woollcott. On s'en fout.

On rigole bien. Il y a la scène avec l'ours. Il y a la scène où Charlie mange sa chaussure. Il y a la scène avec la cabane qui se balance au bord du précipice. Il y a la scène où les deux petits pains dansent au bout des fourchettes. C'est tellement beau qu'on dirait un ballet de Noureïev.

Il y a un méchant. Charlot tombe amoureux. À la fin, il trouve de l'or avec son pote Big Jim. Devenus millionnaires, les deux compères rentrent à la maison en bateau. C'est la dernière scène du film, les cinq dernières minutes. Si j'en parle, c'est à cause du plan où on voit deux bateaux de sauvetage. À droite, dans l'ombre, l'*Emma Alexander*. À gauche, sous les rayons du Pacifique, brille le *Tacoma*.

Jusque-là, pour moi, Tacoma, c'était la ville natale de Richard Brautigan. C'est là qu'il est né, le 30 janvier 1935. C'est là que tout a commencé. D'ailleurs, Tacoma se situe au bord d'une baie qui s'appelle Commencement Bay. C'est un important port du détroit de Puget. Tacoma a été détrôné par Seattle à l'époque du Klondike. C'est un endroit où on pêche la panope, le plus gros mollusque du monde. On y voit nager des orques. On aperçoit au loin le mont Rainier, qui culmine à 4 392 mètres. En 1940, le pont du détroit de Tacoma s'est mis à valser et à se tordre. Sous l'effet du vent, il a ondulé, a littéralement fait des vagues pendant une heure avant de s'effondrer. L'évènement a été filmé. On l'avait vu dans un cours de physique à la polyvalente. Ça servait à illustrer le phénomène de résonance. J'ai aussi appris que Tacoma avait été le terminus du Northern Pacific Railway. On y arrivait en train, on en repartait en bateau. C'est ce qui a donné sa devise à la ville : *Quand les rails rencontrent les voiles* (*When rails meet sails*). De Chicago au Pacifique, c'était le chemin le plus court.

Mais quand même, pour moi, Tacoma, c'est avant tout la ville natale de Brautigan, un bateau de sauvetage dans *La ruée vers l'or* et le rire de mon fils quand Charlot mange sa chaussure.

4

RECETTE

- *Un jaune d'œuf*
- *Une cuillère à café de moutarde*
- *Une tasse d'huile de tournesol*
- *Sel et poivre*

On dit souvent que, pour réussir une mayonnaise, il faut que tous les ingrédients soient à la même température. C'est des conneries. J'ai vu des gens sortir du frigo un œuf bien froid et monter une mayonnaise en moins de deux. Mais vous faites comme vous voulez, ça vous regarde.

Mettre le jaune d'œuf dans un bol avec la moutarde, le sel et le poivre au goût.

Mélanger le tout avec une fourchette, un fouet ou un batteur électrique.

Quand la préparation est homogène, ajouter un peu d'huile, petit à petit.

On dit parfois qu'il faut ajouter l'huile en un mince filet, à vous de voir. L'important est de continuer à battre tout en ajoutant l'huile.

Arrive enfin le moment magique de la mayonnaise. Parfois elle prend, parfois elle ne prend pas. Il y a ceux qui disent la réussir à tous les coups, et ceux qui disent ne jamais y arriver. On ne sait pas pourquoi. C'est là toute la beauté de l'émulsion. Comment mélanger deux substances qui ne se mélangent pas ? Pourquoi y a-t-il quelque chose plutôt que rien ? L'œuf ou la poule ? Nous ne sommes peut-être qu'un rêve dans la tête d'un chien ? C'est quoi, la recette du bonheur ?

5

PHYTOPHTHORA

Quand le phytophthora débarque en Irlande en 1845, c'est le début de la grande famine. C'est une bactérie qui détruit la pomme de terre, principal aliment du pays. On meurt de faim. Ceux qui le peuvent partent vers le Nouveau Monde.

Pour Peter Kehoe, le Nouveau Monde est une île au milieu du Saint-Laurent, à quelques kilomètres en aval de Québec, où, avec des milliers de rescapés de la famine irlandaise, il est mis en quarantaine dans des conditions pires que celles qu'ils viennent de quitter. Les bien-portants côtoient les malades dans des baraquements chancelants où la crasse, la puanteur et l'humidité ne sont rien comparées aux infestations de poux, de rats et d'autres vermines. Peter Kehoe a échappé à la famine pour se retrouver au cœur d'une épidémie de typhus sur une île du Bas-Canada.

On peut imaginer que c'est par miracle qu'il s'en sort. On peut imaginer qu'après avoir gagné Montréal, il trouve un travail sur le port, dans un chantier ou chez

Molson. Il rencontre une jolie fille. Leur fils Michael vient au monde le 1er mai 1847. On perd la trace des parents mais le fils grandit. Il poursuit l'avancée vers l'Ouest entamée par son père. Il est attiré par les promesses d'un meilleur travail, d'un meilleur salaire, d'un meilleur avenir. Michael se laisse porter par cette vague d'espoir monstrueuse qui emporte avec elle des millions de vies le long du Saint-Laurent, le long des Grands Lacs et le long du Mississippi.

Michael traque l'espoir là où on lui dit d'aller. Il passe par Toronto. Il passe par Detroit. On le retrouve à St. Louis. Il ne sait pas que la ville porte le nom d'un roi de France. Il est vieux maintenant. Il est fatigué. Il décide de profiter de l'argent mis de côté pendant toutes ces années, pendant toutes ces nuits mal couché dans des campements de fortune.

Michael a de la chance. À soixante et un ans, il se dégote une jeunette de vingt-sept ans qui veut bien s'occuper de lui. Il a eu raison d'économiser. Elle s'appelle Bessie. Elle lui donne deux filles, Eveline en 1910 et Mary Lou en 1911. Mais il a un peu trop attendu. Trois mois plus tard, il meurt.

Bessie se remarie. Avec les enfants, la progression vers l'Ouest continue. La famille prend le train jusqu'à Tacoma. C'est là que Mary Lou, la cadette, accouchera, le 30 janvier 1935. Mary Lou Kehoe est la mère de Richard Brautigan. Michael Kehoe, né à Montréal, est son grand-père maternel.

La vie, souvent, ça ne tient pas à grand-chose.
Pour Brautigan, ça tient à un parasite de la patate, le phytophthora.

6

CURIOSITÉ

La première fois que Rivages a vraiment touché le fond, c'est Camus qui l'a sauvé. L'idée du suicide ne vous vient pas parce que vous avez une bonne raison de mourir, elle vous vient parce que vous n'avez aucune bonne raison de vivre.

Camus et sa philosophie de l'absurde, Rivages n'a pas tout compris. Il n'avait que vingt ans. Il vivait dans un sous-sol rue Saint-Hubert. L'idée générale, c'était que l'absurdité de la vie vous donne le droit d'agir, de tout tenter, jusqu'au bout. Inscrit en littérature à l'université, il apprenait à vivre dans les livres. Le problème, c'est qu'il faut payer le loyer. Le problème, c'est de choisir entre acheter des pâtes pour manger ou de la bière pour oublier.

Gabriel était assis sur son futon dans son studio minable, et Camus lui disait qu'il fallait imaginer Sisyphe heureux. C'est vrai qu'il ne faut pas dramatiser. La vie peut s'arrêter à tout moment. La vie est souvent faite de périodes difficiles. Les périodes difficiles peuvent donc s'arrêter à tout moment. Si les périodes difficiles peuvent s'arrêter, ça vaut la peine de vivre pour connaître la suite. Les syllogismes, ça n'a jamais été son fort. C'est pourtant ainsi que Gabriel Rivages s'est mis à vivre. Par curiosité.

7

PROCÉDURE N° 901

OBJET : Usage de la force.
DISTRIBUTION : Tous les employés.
SOURCE : Manuel de procédures de la police d'Eugene, Oregon.

La politique de la police d'Eugene stipule que les officiers doivent faire un usage raisonnable de la force en toutes circonstances dans le but de reprendre le contrôle de la situation lors d'un incident, tout en protégeant la vie et la sécurité des officiers et des autres personnes impliquées.

Vous pouvez faire un usage raisonnable de la force pour maîtriser quelqu'un ou éviter une résistance à votre action ou à votre requête légale. Vous ne devez faire usage de la force qu'en adéquation avec la formation que vous avez reçue. Vous ne devez faire un usage de la force pouvant entraîner la mort que dans les circonstances suivantes :

1. Pour vous protéger ou protéger quelqu'un d'autre de ce que vous jugez raisonnablement être une menace de mort ou de blessures physiques graves.

2. Pour éviter la fuite d'un criminel violent dont vous avez des raisons de croire qu'il constitue une menace de mort ou de blessures physiques graves pour vous-même ou d'autres personnes.

Votre intention, lorsque vous faites un usage de la force pouvant entraîner la mort, est de neutraliser le sujet afin qu'il ne représente plus une menace immédiate.

8

DANS L'ANCIEN TEMPS

On n'apprend pas grand-chose de la jeunesse de Brautigan ni en lisant ses livres ni en lisant sa biographie. Bien que planent sur son enfance des choses pas belles à dire, personne n'a jamais rien prouvé. Il y a bien un truc ou deux sur le fait qu'un de ses beaux-pères lui aurait cassé un bras après avoir tabassé sa mère. Mais dans le monde de Brautigan, dans l'Oregon de 1942, c'est comme ça que ça se passait. Les hommes battaient les femmes. Ils leur faisaient des enfants et ils disparaissaient. C'était comme ça dans l'ancien temps.

9

JOYEUX NOËL

Je sais qu'en 1945 au Québec on avait en moyenne neuf frères et sœurs. Je sais qu'on naissait parfois sur la table de la cuisine. Je sais que c'était plus souvent une voisine qui sortait le bébé parce que le docteur avait du retard. Je sais qu'on n'avait pas encore l'électricité et que tout le monde allait à la messe le dimanche. Je sais qu'il est né quelques jours avant que le général Jodl signe la reddition des nazis en Europe. Je sais qu'il était malade. Je sais que sa mère a demandé à ses belles-sœurs de s'en occuper quelque temps. Je sais qu'elle n'est jamais revenue le chercher. Je sais qu'elle a eu d'autres enfants, mais celui-là, elle l'a abandonné. Je sais qu'on croyait qu'il allait mourir. Je sais que la plus âgée des belles-sœurs avait décidé de le sauver. Je sais qu'elle l'a sauvé. Elle est restée à s'occuper de tout le monde et de cet enfant qui n'était pas le sien, qui aurait dû mourir. Je sais qu'elle lui a consacré sa vie. Je sais qu'il a grandi sans vraiment savoir qui était sa mère, sans vraiment savoir pourquoi il n'était pas comme les autres.

Je le sais, parce que c'est mon père, Noël Rivages. Je sais aussi que Jodl a été jugé coupable à Nuremberg et qu'il a été pendu.

10

LO-LI-TA

Le jour de leur mariage, Mary Lou a dix-sept ans, Bernard en a dix-neuf. Ça paraît jeune vu d'ici, mais en 1928 c'était rien d'extraordinaire. Prenez Chaplin. Ses deux premières épouses avaient seize ans et elles étaient enceintes. La troisième avait dix-huit ans alors qu'il en avait cinquante-quatre. Comme quoi, tout peut arriver. Non, ce qui m'étonne avec Mary Lou et Bernard, c'est qu'elle tombe enceinte après sept ans de mariage. Ils vivent sept ans ensemble. Le jour où elle se retrouve enceinte, ils se séparent. Je crois que c'est lui qui s'en va. Il s'en va et il ne sait même pas qu'elle est enceinte. Elle, de son côté, elle ne dit rien. Je ne sais pas ce qui s'est passé, mais quand elle accouche, le 30 janvier 1935 à Tacoma, elle donne naissance à un bâtard.

C'est le scandale de 1924 autour du deuxième mariage de Chaplin qui a inspiré Vladimir Nabokov. La deuxième épouse de Charlie s'appelait Lita.

11

LE DERNIER DES BEATNIKS

Trout Fishing in America est publié en 1969. La couverture de l'édition originale arbore une photo de Richard Brautigan et d'une jeune femme assise à ses pieds sur un petit banc. La version française est publiée cinq ans plus tard chez Christian Bourgois, *La pêche à la truite en Amérique*. Si dans cette édition la photo n'est pas sur la couverture, elle est dans les premières pages du livre. C'est comme ça pour nombre d'éditions. Cette photo, c'est le début du roman. Derrière les deux personnages, on voit des arbres et une statue de Benjamin Franklin. La jeune femme porte un ruban dans les cheveux et de petites lunettes rondes qui rappellent les années folles ou plutôt un vieux western américain. Brautigan ressemble d'ailleurs à un cow-boy avec son chapeau, son gilet à pointes, son jeans et sa gabardine. Bon, d'accord, la chemise à fleurs psychédéliques et les pendentifs bouddhistes, ça le fait moins. Ça plante pourtant bien le décor : San Francisco, la fin des sixties, le dernier des beatniks.

12

LE 7 CHANCEUX

Quand on est en couple, il paraît que la septième année est décisive. Soit ça passe, soit ça casse. Certains parlent de superstition, d'autres de statistiques. En tout cas, c'est une croyance qui ne date pas d'hier. Elle est d'ailleurs passée à la postérité avec le film *Sept ans de réflexion* de Billy Wilder. Après sept ans de mariage, Tom Ewell tente de résister à Marilyn Monroe. Elle se suicidera sept ans plus tard, mais ça n'a rien à voir avec le film.

Les parents de Rivages se sont séparés après sept ans de mariage. Je ne sais pas si c'est à cause des statistiques mais c'est un fait. Rivages se souvient de quelques engueulades. Il n'avait que sept ans. C'est elle qui est partie. Elle n'en pouvait plus. Alors que le père, il aurait pu s'accommoder de la situation. Il aurait pu passer sa vie à essayer de sauver leur cause vouée à l'échec. Il n'a jamais aimé le changement. Ils ont essayé sept fois plutôt qu'une. Avant de lui dire que tout était fini, elle a tourné sept fois sa langue dans sa bouche. Qui a dit que 7 était un chiffre chanceux ?

13

:-)

Un long poème qui offre sa générosité par fragments, sous la forme légendaire, peut-être inconsciente, du périple.
— Jim Harrison à propos de *Journal japonais*

Ses poèmes sont, tour à tour, d'un réel brutal et d'une inventivité surréaliste.
— *Time Magazine* à propos de *The Pill Versus the Springhill Mine Disaster*

Quand tu prends ta pilule
c'est comme une catastrophe minière
je pense à tous ces gens
perdus à jamais en toi
— Richard Brautigan dans *The Pill Versus the Springhill Mine Disaster*

Une histoire incroyable... La vie vous paraîtra bien plus belle après avoir lu ça.
— *Los Angeles Herald-Examiner* et *Un général sudiste de Big Sur*

Monsieur Brautigan nous a fait parvenir un manuscrit en 1962 qui avait pour titre *La pêche à la truite en Amérique*. Selon les notes de lecture que j'ai pu consulter, il ne s'agissait pas d'un livre sur la pêche à la truite en Amérique.
— *The Viking Press*

Son style et son esprit transmettent tellement d'énergie que l'énergie devient elle-même le message... Seul un hédoniste peut mettre autant de vie dans une seule page.
— *Newsweek* et *La pêche à la truite en Amérique*

... c'est un livre très triste et très drôle... l'histoire de Bob et Constance, et le meilleur livre que Brautigan ait jamais écrit.
— *The National Observer* au sujet de *Willard et ses trophées de bowling : une énigme... et quelques perversions*

Brautigan est un artisan de génie quand il faut rendre compte du malheur et de la violence de l'Amérique avec humour.
— *Chicago Tribune* sur *Willard*...

Espiègle et sérieux, hilarant et mélancolique, profond et absurde... quel écrivain délicieusement unique que ce Richard Brautigan.
— *The Times Literary Supplement* au sujet de
La vengeance de la pelouse : nouvelles 1962–1970

Cela tient du haïku et du croquis sur un bout de nappe, du vide-poche et de l'autoportrait de l'artiste en puzzle. Un long bouquet de ces feux d'artifice que Baudelaire appelait des fusées. Brautigan y est passé maître, il y a là au moins une douzaine de chefs-d'œuvre instantanés.
— Michel Braudeau, *L'Express*, à propos de
Tokyo-Montana Express

À déguster d'une seule traite cet été, comme un cornet de glace qui, à peine terminé, appelle le suivant !
— Anonyme

14

PÊCHE

Heureusement il y a la pêche. Il y a ces jours de liberté où on peut partir au petit matin avec sa canne à pêche et ses appâts, direction la rivière. On marche dans les herbes hautes. On va vers le grand saule. À cet endroit, la rivière forme un grand bassin à la sortie d'une belle cascade. Les truites adorent se retrouver au pied des rapides, dans une profonde cuvette, surtout les gros spécimens. Quand Gabriel va à la pêche derrière la maison de sa grand-mère, il commence toujours sa journée à cet endroit. Il est rare qu'une nouvelle truite n'y ait pas élu domicile.

Se retrouver au bord de l'eau avec sa canne à pêche fait toujours monter en lui un sentiment d'urgence. Le désir de lancer la ligne à l'eau le plus rapidement possible le met presque en transe. Puis vient l'attente. Le plaisir de l'attente à la pêche est une joie de la patience que seuls les vrais mordus ressentent. Se tenir au plus près de l'eau, voir l'appât couler doucement en espérant qu'une proie sera leurrée. Attendre au son des rapides pendant que des oiseaux sifflent. Il faut ratisser le bassin. Il faut répéter les lancers, une truite peut se tapir dans chaque recoin. Puis, comme un éclair, quelques coups brefs parcourent votre corps. Ça a mordu. Vous hésitez. Vous ramenez brusquement la canne vers vous. Rien. Vous savez cependant qu'il y a un truc, là, sous l'eau, qui a très envie de goûter ce ver mais qui se doute de quelque chose. Il va falloir ruser. Vous accrochez un ver tout neuf. Il va falloir redoubler de patience. Vous relancez là où les secousses se sont produites. Vous tournez la manivelle du moulinet, doucement. Vous reprenez la ligne et vous la relancez. Vous taquinez par petits coups la proie qui guette. Vous vérifiez la présence du ver. L'odeur des sous-bois et les embruns de la cascade vous enveloppent. Un moustique tourne autour de votre tête.

Tout à coup, la ligne se raidit. C'est l'attaque. Quelque chose s'est jeté sur l'hameçon, s'y est accroché. En claquant, le fil a fait ziiiiiiiii ! Faut-il laisser courir encore un peu ou ferrer maintenant ? Rivages n'a qu'une technique : dès que ça mord, il tire un grand coup vers la berge en espérant que le poisson se retrouvera hors de l'eau. Il a souvent réussi, comme dans le cas présent. Il tire de toutes ses forces sur la canne en visant derrière lui. Le poisson est éjecté. Il décrit un grand arc de cercle. Il atterrit au milieu d'une gerbe de fougères. Rivages court là où ça bouge dans tous les sens. Ça lance des éclairs tachetés. C'est une truite. Il saisit la belle à deux mains : une truite mouchetée de douze pouces. L'hameçon s'est détaché tout seul. La journée commence bien.

Brautigan a quinze ans quand McCarthy lance sa chasse aux sorcières. Tout ce qui ressemble de près ou de loin à un rouge doit être éliminé. Il s'occupe de sa jeune sœur. Ils sont souvent laissés à eux-mêmes toute la journée, quand ce n'est pas toute la nuit. Il sera l'aîné d'une famille de quatre enfants, tous de pères différents. Avant qu'il découvre l'écriture, son plus grand plaisir dans la vie, c'est la pêche à la truite.

15

FIANCÉ

Il se met à écrire à cause des filles. Il est du genre timide au fond de la classe, pas du tout capitaine de l'équipe de football. Trop grand pour son âge, il essaie de se faire tout petit. On le remarque quand même. Ses chaussures sont trouées, ses cheveux trop blonds. Il préfère les livres à ses camarades. Quand il croise Suzy ou Patricia, il en fait un poème. C'est pour se sortir ce chatouillement au creux de la poitrine. Ça le chatouille aussi quand il voit Vicky ou Martha.

Dans ses poèmes, il est leur fiancé à toutes. Il en rêve. C'est comme ça. D'ailleurs, un poète, une belle, l'amour, et que je te joue de la cithare, et que tu es ma mie, et troubadours, et trouvères, on y revient toujours. C'est comme ça qu'il a commencé. Il écrit des poèmes pour les filles.

Brautigan est la graphie américaine du mot allemand *Bräutigam*. Ça veut dire *fiancé*.

16

LE SECRET

Un jour, avec Annie-Anne, on a essayé de faire une mayonnaise. On a gaspillé six œufs. Ce n'est pourtant pas compliqué de faire une mayonnaise. Il n'y a que deux ingrédients. Il faut un jaune d'œuf et de l'huile. Ce n'est pas bien sorcier. Suffit de battre le jaune d'œuf et d'ajouter l'huile très doucement, très lentement, en toute délicatesse. Vous battez l'œuf et vous ajoutez un filet d'huile. Vous continuez à remuer jusqu'à ce que le mélange se mette à épaissir. Si ça épaissit, on dit que la mayonnaise prend. Il s'agit d'une dispersion de gouttelettes microscopiques.

Six fois on a essayé. Six putains d'œufs on a cassés pour rien. On n'a obtenu qu'un jaune pisseux comme de l'eau, une substance visqueuse et dégoûtante. Il est vrai que, dans la mesure où il s'agit d'huile mélangée avec un placenta de poulet, la chose est assez dégoûtante.

Le secret pour réussir votre mayonnaise, c'est une petite cuillère de moutarde incorporée au jaune d'œuf avant de commencer à verser l'huile.

17

BÂTARD

Il a eu dix-huit ans en janvier. C'est sa dernière année de high school. On va lui remettre son diplôme d'études secondaires dans un mois. Il a la moyenne. Sauf en rédaction, où il est le plus fort. Il a publié quelques poèmes dans le journal de l'école. Il ne va pas aller à l'université. Sa décision est prise. De toute façon, ses parents n'ont pas les moyens de lui payer des études. Il va travailler dans une usine de cornichons cet été. Il est sur la chaîne de mise en conserve. Ça paye un peu. Ça paye mais il n'arrive pas à accepter que la vie se résume à ça. Lui, ce qu'il veut, c'est devenir écrivain.

De son côté, sa mère fait son possible. Ça pourrait aller mieux avec monsieur Porterfield. Ils sont mariés depuis un moment. D'ailleurs, tout le monde appelle Richard « Richard Porterfield ». Ça s'est fait comme ça. Le mari de sa mère se nomme Porterfield, alors les enfants aussi. Richard porte ce nom depuis dix ans. Il n'a aucun souvenir de s'être appelé autrement. Mais en juin 1953, avant la remise des diplômes, sa mère lui dit la

vérité. Pendant que le plus jeune joue sous la table avec un modèle réduit de Studebaker, elle entraîne Richard dans le salon. Elle le fait asseoir. Elle pose ses mains sur ses mains. Elle le regarde dans les yeux. Elle prend une profonde inspiration et lui dit :
— Tu sais...
En fait...
Ton vrai nom...
Ce n'est pas Porterfield...
Ton vrai père s'appelait Bernard Brautigan...
Ton vrai nom est Brautigan...
Je voulais que tu le saches pour que tu décides du nom sur ton diplôme.

Le nom sur son diplôme est Brautigan. Il ne sait pas pourquoi, mais il est assez fier d'être un bâtard.

18

SAINT ANTOINE

Quand elle perdait quelque chose, ma grand-mère s'en remettait à saint Antoine. Elle m'avait expliqué comment faire pour que ça marche. Quand on avait perdu quelque chose, il fallait dire : « Saint Antoine, je t'attrape et je te relâcherai quand j'aurai trouvé... mon bouton de manchette, mon aiguille, ma bille, ma balle, ma chaussette, mon chéquier ou autre chose. » La sentence devait s'accompagner d'un geste de la main, qui, se refermant dans l'espace, faisait mine d'attraper quelque chose au vol.

Saint Antoine, je t'attrape, et hop avec la main ! Je te relâcherai quand j'aurai trouvé. Puis on se mettait à chercher avec un poing fermé. Ce n'est pas très pratique. Je peux vous le confirmer. J'ai le poing fermé depuis des années. Je cherche encore. J'ai perdu mes illusions.

19

POURQUOI T'AS FAIT ÇA, RICHARD ?

Peter Webster et Richard Brautigan vont à l'école ensemble. Ils sont copains. La mère de Peter s'appelle Edna. Elle comprend que Richard n'est pas bien chez lui. Elle lui dit qu'il peut venir dormir à la maison quand il veut.

Petit à petit, il est plus souvent chez les Webster que chez lui. Edna devient une seconde mère pour lui. Linda, la petite dernière, est trop jeune mais il en est quand même assez amoureux. C'est agréable d'être avec les Webster. Il va pourtant falloir bouger. Il ne peut pas rester dans cette ville pourrie toute sa vie. Il est décidé. S'il veut devenir écrivain, il doit descendre à San Francisco. C'est là-bas que ça se passe. Il n'a pas un rond. Il verra bien. Il va se débrouiller.

Ça ne marche pas du premier coup. Il ne trouve pas de boulot. Il rencontre quelques poètes, mais après ? Il écrit beaucoup et mange peu. Un jour qu'il a trop faim, il rentre à Eugene. Aussitôt arrivé, il touche le fond. Tout ça sent l'échec. Il a fait un grand détour pour revenir au point de départ. Il n'ose pas aller voir Peter, Edna et

Linda. Déprimé, il se retrouve devant le poste de police d'Eugene, Oregon.

PREMIÈRE VERSION – Parce qu'il n'a aucun endroit où dormir et rien à manger, il prend une pierre et la lance dans une vitre du poste de police de la ville d'Eugene. On le met en prison pour la nuit. Il a de quoi manger et une piaule pour dormir. Le lendemain, il passe devant le juge. Il est condamné à quatre-vingt-dix jours d'internement dans un hôpital psychiatrique.

DEUXIÈME VERSION – Parce qu'une amie n'apprécie pas ses poèmes, il est pris d'un profond désespoir. Il se rend au poste de police de la ville et demande à être arrêté. On lui explique que pour être arrêté il faut avoir commis un délit. Brautigan saisit une agrafeuse et la lance de toutes ses forces dans la vitre du bureau du shérif. On le met en prison pour la nuit. C'est comme un suicide en miniature. Le lendemain, il passe devant le juge. Il est condamné à quatre-vingt-dix jours d'internement dans un hôpital psychiatrique.

Pourquoi t'as fait ça, Richard ?

20

VENISE

La serveuse me sert un café. Sur le bord de la soucoupe repose un chocolat noir aux fèves de cacao. J'ai trop mangé. J'ai un léger mal de tête qui commence. C'est peut-être une sinusite, ou alors une migraine. Sur le mur du fond, une fresque de mauvais goût représente Venise. Une reproduction en fer forgé du pont des Soupirs n'arrange rien à la laideur de l'ensemble. C'est sans parler des faux vases étrusques et de la vraie Vespa blanche accrochés au-dessus du bar.

Les gens qui travaillent dans les bureaux alentour viennent ici le midi manger des pâtes, des pizzas et le plat du jour : cuisse de canard, calamars à l'espagnole, tomates farcies, andouillette, bavette, crevette, alouette.

Sur un mur, il y a un poster géant de James Dean dans *La fureur de vivre* de Nicholas Ray en 1955. Je ne saisis pas très bien le rapport entre James Dean et Venise. Peut-être que je l'ignore mais James Dean, mort dans sa Porsche à vingt-quatre ans :

a) rencontre l'amour à Venise ;
b) est un grand amateur de pizza ;
c) a un ancêtre italien ;
d) adore les Vespa ;
e) voir Venise et mourir.

21

NID DE COUCOU

Three geese in a flock
One flew east, one flew west
And one flew over the cuckoo's nest

Avant de l'électrocuter, on attache très solidement le patient sur une table à l'aide de lanières en cuir, afin d'éviter toute fracture vertébrale ou luxation lors des convulsions.

Vous avez vingt ans. Deux hommes vous escortent. Vous marchez dans un couloir. On vous fait entrer dans une pièce blanche. Vous comprenez que c'est votre chambre. On ferme la porte à clé dans votre dos. Plus tard, on vous explique les douches, les repas, les sorties, les autres pensionnaires, les heures de sommeil et les siestes. Tout est précis, minutieusement calculé.

Il n'y a que les cris qui ne semblent respecter aucune règle. Ils peuvent survenir de jour comme de nuit, aigus ou bas, brefs ou longs, sourds ou tragiques, mais toujours à vous glacer le sang.

Le lendemain, on vous fait vous étendre sur une forte table en bois. On vous explique la thérapie. Tout est pour le mieux. Il suffit de se laisser aller. Il ne faut pas avoir peur. On vous attache les chevilles, les bras. On vous ceinture le torse et la tête. Vous ne pouvez plus bouger. On vous pose quelque chose d'humide et de visqueux sur le crâne. C'est froid, c'est dégoûtant. Au dernier moment, on vous enfonce une balle de caoutchouc dans la bouche. Il y a une seconde de silence. Quelqu'un abaisse une manette.

Aaaaaaahhhhhhhhhrrrrrrrrrrgggggggg!!!

Le choc est terrible. Vous hurlez. Une morsure profonde, la douleur comme mille lames de rasoir, une odeur d'acier chauffé à blanc, une crampe dans tout le corps, le moindre muscle qui se crispe, les dents qui s'enfoncent dans la balle, qui broient le caoutchouc, la peau couverte de sueur, le goût de vomir. La douleur intense mène à l'évanouissement.

Quelqu'un relève la manette. Il n'est plus là. Il a seulement atrocement mal. On le soulève. Il est dans sa chambre. Il dort.

L'électrochoc est une technique médicale qui consiste à administrer un choc électrique au niveau du crâne, ce qui engendre une crise convulsive généralisée accompagnée d'une perte de conscience. Cette technique sert à traiter les troubles de l'humeur, la schizophrénie et autres désordres psychiques.

À vingt ans, Richard Brautigan a passé trois mois dans l'asile de Salem en Oregon. C'est là que Milos Forman tournera, avec Jack Nicholson en 1975, *Vol au-dessus d'un nid de coucou.*

22

NADIA PORTAIT LE NUMÉRO 73

Je m'en souviendrai toujours. Mon père m'avait amené aux Jeux olympiques de Montréal. On avait dormi dans un motel. Ce jour-là, on a vu Nadia Comaneci obtenir une note parfaite. J'avais sept ans. Je n'y connaissais rien en gymnastique. Mais quand j'ai vu, comme les milliers d'autres spectateurs autour de moi, Nadia s'élancer, j'ai retenu mon souffle. Le temps de sa chorégraphie, je n'ai pas respiré. C'était le sublime à l'état pur. La définition même de l'art. Puis les juges ont noté. On a vu s'afficher le chiffre un suivi d'un point et de deux zéro. Pendant une fraction de seconde, on a cru à une mauvaise blague. Mais on a vite compris qu'elle venait d'obtenir la note parfaite de 10. Le tableau d'affichage n'était pas prévu pour afficher une note supérieure à 9,99. Nadia était la première gymnaste à obtenir une note parfaite, c'était du jamais vu dans l'histoire des Jeux.

Ma mère venait de quitter la maison. Pour me faire plaisir, mon père m'a amené aux Jeux olympiques. Je ne sais pas comment il a fait pour dégoter les billets. On s'est retrouvés assis au milieu d'un stade pendant qu'en bas, une jeune fille passait à l'histoire. Ma mère venait de quitter la maison et Nadia portait le numéro 73.

23

BANC MSS 87/173 C

Il ne s'appelle plus Porterfield. Il est maintenant Brautigan. Il a quitté la maison et s'est installé chez les Webster. Il a trouvé un boulot dans une conserverie de cornichons. Il écrit des poèmes. Il pense à San Francisco. Un soir de déprime, il se retrouve en prison. Il finit à l'asile. Il subit des électrochocs. C'est la période décisive. Il fait ses adieux aux Webster. Il remet tous ses poèmes à Edna. Il lui donne tous ses textes en lui disant qu'un jour il sera célèbre et que ça vaudra beaucoup d'argent. Ce sera son assurance vieillesse. Il fait sa valise et prend la route de San Francisco. Il vient de tirer un trait sur les vingt premières années de sa vie. Il ne s'est pas donné la peine de dire adieu à Mary Lou, celle qui l'a mis au monde. Il est parti pour toujours. Aucun membre de sa famille ne le reverra. Pendant les vingt-neuf années qu'il lui reste à vivre, il ne prononcera plus jamais le nom de sa mère.

Edna Webster garde avec elle les textes de Richard pendant trente-six ans. Elle ne se décide à toucher son assurance vieillesse qu'en 1992. Elle est vieille. Elle trouve un collectionneur de livres qui connaît un éditeur. Les documents détenus par Edna représentent une mine d'or. La transaction se fait rapidement. Il y a des photos, des lettres et des manuscrits. Tout est racheté par la bibliothèque Bancroft de Berkeley. En 1999, les éditions Mariner de Boston publient la majorité des poèmes légués à Edna par Richard. Le titre original du livre est *The Edna Webster Collection of Undiscovered Writings*. Quatre ans plus tard, Le Castor Astral publie la traduction sous le titre *Pourquoi les poètes inconnus restent inconnus*. La version anglaise s'ouvre sur les mots de Brautigan qui cèdent ses droits à Edna : « En ce troisième jour de novembre 1955, moi, Richard Brautigan, je donne tous mes écrits à Edna Webster. Ils sont maintenant sa propriété et elle peut en faire ce qu'elle veut. Si elle les fait publier, tous les profits tirés de la publication lui reviennent. »

Les archives Brautigan de Berkeley en Californie tiennent dans neuf boîtes, dix classeurs et quatre dossiers cartonnés. Une fois rangé sur les étagères, le fonds Brautigan mesure 4,8 mètres. Les documents sont consultables sur demande. Le numéro de référence de la collection est le BANC MSS 87/173 c.

24

ON NE PEUT PAS TUER UN NUAGE

Pour son anniversaire, mon cousin Luc a reçu une carabine à plomb à air comprimé. Je voulais la même. On partirait à la chasse ensemble. J'avais sept ans, ma mère n'avait pas encore quitté la maison. Un soir à table, mon père s'est mis à me parler doctement des armes à feu. Il me disait à quel point c'était dangereux. Il me racontait l'histoire de deux enfants qui avaient joué aux cowboys. Le plus jeune avait perdu un œil, pour la vie. Il me demandait si j'étais conscient de ces choses. Est-ce que je réalisais pleinement la gravité que représentait la manipulation d'une arme? Est-ce que je comprenais bien la responsabilité qui en découlait? J'ai répondu que oui. Je ne voyais pas où il voulait en venir. Puis on est allés dans le salon et il m'a dit d'ouvrir la longue boîte en carton posée sur le canapé.

J'ai retiré le couvercle. Dans la boîte, il y avait une carabine à plomb. Il m'a dit : « C'est pour toi, mais tu dois me promettre de t'en servir de manière irréprochable. » J'ai promis.

Comme on habitait en ville, il n'était pas question que je m'en serve à la maison. Son usage était réservé à mes séjours à la campagne, chez ma grand-mère. J'allais pouvoir aller à la chasse avec mon cousin Luc. On faisait des concours de tir sur des piquets de clôtures, des assiettes en aluminium, des vieilles bouteilles de bière. Parfois on visait une corneille ou on essayait de dégommer un moineau. On sentait bien qu'en faisant ça, on n'était pas irréprochables.

On est quand même sortis dehors, avec mon père. Il portait la carabine. Je portais la petite boîte en métal ronde et plate 500 PLOMBS PARACHUTES CARABINE À AIR COMPRIMÉ. Mon père m'a montré comment mettre le plomb dans la carabine. Il fallait tenir la crosse entre ses jambes et plier le canon en deux vers le sol. Il fallait mettre le bout rond du plomb en premier et refermer. La carabine était chargée, prête à tirer. J'avais presque peur. Mon père m'a dit : « Tu peux tirer un coup dans les airs pour essayer. Juste un coup. » On était en ville. « Tu tires bien droit au-dessus de ta tête. Vise le nuage là-haut. Tu le vises et tu appuies sur la détente. » J'ai tiré sur un nuage. C'était le plus beau jour de ma vie. Mon père m'avait offert une carabine à plomb et je savais qu'on ne peut pas tuer un nuage.

25

RENO

Virginia et Richard prennent le bus pour Reno. Ils vont se marier. Après quatre heures de route, ils débarquent dans un motel et posent leurs sacs. Ils passent ensuite au bureau des mariages du comté de Clark avant de se rendre à la Silver Bells Wedding Chapel. Dix minutes plus tard ils sont mariés. C'est le 8 juin 1957. Il fait chaud dans le Nevada le 8 juin 1957. Ils vont manger une glace. Ils s'assoient sur un banc, dans un parc, sous un arbre. C'est la première fois qu'ils viennent à Reno. Les deux beatniks de San Francisco perdus au milieu des casinos et des chapelles à la va-vite, ça les fait beaucoup rire. Ils n'auraient pas pu trouver mieux comme voyage de noces que de se promener dans ce centre-ville étrange où les néons par milliers bravent à tour de rues l'intelligence de la race humaine.

26

SON PREMIER BRAUTIGAN

La première copine qui lui parle de Brautigan, c'est Michelle. Ils se sont rencontrés à l'université. Ils suivent ensemble le séminaire sur Milan Kundera. Un soir ils vont voir le dernier Tarantino. Travolta y tient le rôle de Vincent. Après le générique, ils prennent un verre chez elle, rue Saint-Hubert. Sur la table de la cuisine, il y a *Un général sudiste de Big Sur* chez 10/18. La collection s'appelle comme ça parce que les bouquins font dix-huit centimètres de haut sur dix centimètres de large. C'est marrant. Ici, la couverture est un détail d'une toile d'Edward Hopper, une mer bleue. Ça étonne Michelle que Gabriel ne connaisse pas Brautigan. Elle lui dit que c'est à mourir de rire. Il y a des trucs délirants comme ce personnage qui a les dents qui changent de place tout le temps, comme ce crocodile jeté dans un étang pour faire taire les grenouilles, comme ces plafonds trop bas où on se tape la tête sans arrêt. Elle lui prête le bouquin. Il n'en garde pas un grand souvenir. Il doit remettre trente pages sur *Jacques le fataliste et son maître* dans deux jours et terminer un résumé critique de *La vie est ailleurs* de Kundera.

Ils ont adoré le dialogue d'ouverture de *Pulp Fiction* :

VINCENT : Tu sais ce qu'ils mettent sur leurs frites en Hollande à la place du ketchup ?

JULES : Quoi ?

VINCENT : De la mayonnaise...

27

LE RETOUR DES RIVIÈRES

En 1957, les Russes lancent le premier spoutnik. La même année, *The Return of the Rivers* est le premier poème de Brautigan à être publié par une maison d'édition. C'est sa première publication officielle. Il s'agit d'un poème écrit sur une seule page pliée en deux. Les trois premières strophes du poème sont sur la page de gauche, les deux autres sur la page de droite. Le poème commence par cette phrase : « Toutes les rivières vont à la mer. »

On est à San Francisco, en mai, dans la cuisine. Richard et Virginia vivent ici depuis quelques semaines. Ils ont servi un café instantané à Leslie. Elle a une maison d'édition, Inferno Press. Elle va publier le poème de Richard en cent exemplaires. Les photocopies sont sur la table. Tout en discutant, on plie les cent feuillets.

Le poème se termine ainsi :
et avec chaque goutte
de pluie
l'océan
recommence à nouveau.

28

TOUT CE QUI BRILLE

Rivages n'a jamais fait grand cas de la poésie. Il a essayé. Quelque chose ne passe pas. C'est en lisant Brautigan qu'il a compris. C'est une poésie drôle, simple, d'une splendeur inouïe. Tout ce qui brille n'est pas or, mais les poèmes de Brautigan ont cette propriété qui attire les enfants. Ils possèdent cette lumière qui nous donne envie, depuis la naissance, de toucher tout ce qui brille.

29

PIPI DE CHAT

Je n'avais pas encore dix ans. Parfois en voiture mon père me faisait conduire. Je m'asseyais sur ses genoux et je tenais le volant. J'étais la fierté dans toute sa splendeur. C'était un grand bonheur. J'avais l'impression un peu avant l'heure d'être un homme.

Ensuite, j'ai eu le droit de passer les vitesses. Puis, quand j'ai été assez grand pour toucher les pédales, mon père a trouvé une route forestière et m'a laissé conduire tout seul. À côté de ça, le premier pas de l'homme sur la Lune, c'était du pipi de chat.

30

CAMPING

Ginny, la femme de Richard, a un boulot de secrétaire. Richard travaille parfois au service postal de la Western Union. Mais la plupart du temps il écrit et passe ses journées au Enrico Bar à boire avec d'autres poètes comme Michael McClure. En 1960, il est papa d'une petite Ianthe, du même prénom qu'une des filles de Percy Shelley. La légende d'Iphis et d'Ianthe est le seul exemple connu d'homosexualité féminine dans la mythologie grecque. Cette même année, toute la famille s'embarque pour une aventure estivale. Pendant trois mois, Richard et Ginny parcourent les routes de l'Ouest dans un vieux break avec leur fille d'un an. Ils campent à droite et à gauche, pêchent souvent. Tous les matins, Richard sort sa machine à écrire, s'installe sur une table de camping et écrit ce qui deviendra son premier succès, *La pêche à la truite en Amérique*.

31

TARZANA

Ils vivent dans cette vallée depuis dix mille ans. Ce sont les Chumashs, les Tongvas ou les Tataviams. Au nord-est, les montagnes les protègent du désert et des Mohaves. En marchant une journée vers le sud, on atteint le Pacifique. Depuis dix mille ans, le Grand Esprit les protège. Puis, un jour, les premières caravelles viennent frôler la côte, avec à leur bord l'idée d'un Nouveau Monde. Des hommes à barbe emmaillotés de fer traversent la vallée. Gaspar de Portolà et ses hommes sont les premiers Européens à fouler le sol de ce qui deviendra la Californie.

En 1797, un Basque venu de Vitoria-Gasteiz fonde une mission pour convertir les sauvages. La mission de San Fernando donnera son nom à la vallée. D'abord possession espagnole puis mexicaine, la région devient le trente et unième État de l'Union en 1850. À la suite de la guerre américano-mexicaine, la Californie fait désormais partie des États-Unis. L'histoire de la vallée se mêle maintenant à celle de toute la côte avec la Ruée vers l'or, l'arrivée du chemin de fer, la naissance de Los Angeles, la découverte du pétrole, la production des oranges, les studios de cinéma et l'industrie aéronautique.

Ce qui n'était qu'une petite communauté espagnole de missionnaires à la fin du dix-huitième siècle est à présent une extension de Los Angeles. En 1920, la ville compte un demi-million d'habitants. C'est à cette époque qu'Edgar Rice Burroughs, fort de sa nouvelle fortune tirée des histoires de Tarzan, acquiert les terres ancestrales des Chumashs, des Tongvas et des Tataviams. Il s'y fait construire un magnifique domaine qu'il baptise le Ranch Tarzan. Il revendra ses terres quelques années plus tard à des promoteurs immobiliers. En 1927, les nouveaux habitants du quartier décident de baptiser l'endroit en l'honneur de l'ancien propriétaire, créateur du mythe de Tarzan. Ils vivront désormais à Tarzana.

Brautigan n'est pas Rice Burroughs, mais il existe quand même un homme qui aurait changé son nom pour Trout Fishing in America. Il est aujourd'hui professeur de littérature dans une université japonaise.

32

AMERICAN REVOLUTION 1969

Avant les hippies, il y a les beatniks. En 1957, année de publication de *Sur la route,* Kerouac, Ginsberg et Burroughs sont les trois principales figures de la beat generation. C'est Kerouac qui invente le concept. Il s'agit de décrire un nouveau mode de vie. Il s'agit de vivre au jour le jour, de boire, de penser et d'écrire sous influence du jazz contre le Système avec un grand S. Il faut changer le monde. L'onde de choc de la première bombe atomique a atteint les consciences. Après les massacres de Dresde et d'Hiroshima, les enfants de l'Amérique ont perdu leur innocence. Pendant qu'Elvis chante *Heartbreak Hotel,* que les Russes envahissent la Hongrie et que Castro monte à bord du *Granma* avec Che Guevara, les beatniks veulent que ça pète.

Et ça va péter. Après les livres censurés et les procès, la contestation monte. En 63, Luther King a un rêve. Deux cent cinquante mille personnes marchent sur Washington. En 64, Ken Kesey et les Merry Pranksters font la promo des acid tests. En 65, l'atmosphère est électrique. Lors des émeutes de Watts en Californie, trente-quatre personnes sont tuées et quatre mille sont arrêtées. L'apogée de tout ça se situe entre le premier festival de Monterey en 1967 et celui de Woodstock en 1969. Le 5 avril de cette année-là, le jeune magazine *Rolling Stone* publie en première page une photo d'un flic casqué, arborant une étoile de shérif. Il maintient à terre avec sa matraque un manifestant ensanglanté. En capitales bleues, on peut lire : AMERICAN REVOLUTION 1969.

33

LIBÉRATION

À la mort de Brautigan, le journal *Libération* du 28 octobre 1984 lui consacre une pleine page. L'éditeur Christian Bourgois y dit qu'il buvait trop et qu'il est « de ceux qui finissent par avoir les meilleurs lecteurs ». Dans le bas de cette page, à gauche, il y a une publicité pour un film qui vient de sortir sur les écrans en France : *Greystoke, la légende de Tarzan*. C'est celui avec Christophe Lambert et Andie MacDowell. Selon *Le Figaro*, c'est du très grand cinéma !

34

PROCÉDURE N° 1101

OBJET : Utilisation des produits tabagiques.
DISTRIBUTION : Ensemble du personnel.
SOURCE : Manuel de procédures de la police d'Eugene, Oregon.

La police d'Eugene encourage officiellement tous ses employés à ne faire aucun usage de produits tabagiques. Les agents assermentés dont le contrat stipule qu'il leur est interdit de fumer pendant leur service ne doivent en aucun cas fumer pendant leur service sauf dans le cas précis défini au paragraphe 1-C de cette procédure.

Paragraphe 1-C : Filature
Un officier de police en mission de filature peut, avec l'accord de son supérieur hiérarchique, faire usage de produits tabagiques si cela est nécessaire au succès de sa mission.

35

AIR CANADA

Elle m'expliquait l'autre jour que les gens sont malheureux parce qu'ils ne se rendent pas compte qu'on les manipule. Ils ne savent pas que la réalité est ailleurs, que tout n'est que représentation, que le monde n'est que l'image d'un système totalitaire qui ne profite qu'à une minorité. C'est ainsi que nous avons glissé de l'« allégorie de la caverne » à Freud en passant par Lacan et Heidegger.

Au Québec, en 1996, quand j'ai annoncé à ma grand-mère de soixante-dix-sept ans que je partais en France, elle m'a demandé s'il fallait, pour ça, que je prenne l'avion.

36

NI DIEU NI MAÎTRE

Au milieu du dix-septième siècle en Angleterre, des hommes et des femmes remettent en cause la propriété privée. Pour eux, la terre doit appartenir à tout le monde. Pourquoi devraient-ils payer à un propriétaire le droit de vivre ? La vie doit être gratuite. Tout être humain doit bénéficier d'un endroit où il peut bêcher, labourer et habiter librement. Alors on se regroupe en communauté et on s'installe. On fait de la résistance en cultivant une terre qui appartient à tous. Parce qu'ils bêchent beaucoup et qu'ils sont anglais, on les appelle les Diggers (littéralement, les «creuseurs»). Ce sont les premiers squatteurs de la modernité.

En 1967 à San Francisco, les mêmes croyances font émerger un autre groupe de Diggers. Une dizaine de copains qui font du théâtre reprennent le flambeau. Leur premier tract est un appel à vivre dans un monde nouveau, sans racisme, sans sexisme, sans sectarisme. À Paris, on jouit sans entrave. À San Francisco, les Diggers ouvrent le premier magasin au monde où tout est gratuit. On y apporte et on y prend tout ce qu'on veut. C'est le Summer of Love avec Janis Joplin, Jimi Hendrix, Dylan et Jefferson Airplane. C'est les hippies et la contre-culture. C'est bientôt Dennis Hopper sur sa Harley dans *Easy Rider*.

Brautigan se joint aux Diggers d'abord et avant tout pour leur maison d'édition, The Communication Company. Ils ont retapé une vieille ronéotypeuse. Brautigan peut imprimer ses écrits gratuitement. Il parcourt ensuite Frisco pour donner ou vendre ses poèmes aux coins des rues. Il participe à la fête comme tous les autres. Entre la guerre du Vietnam, les émeutes raciales et le droit des femmes, il trouve sa place parmi les allumés de la côte ouest. Il ne se veut pas directement anarchiste comme les Diggers, mais son style respire la liberté à pleine page. Quand il parle d'une partie de pêche ou d'une balade en bus, Brautigan, par son style, tape autant que Bakounine ou Blanqui. Ni dieu ni maître !

37

ENVIE D'EN

La plupart du temps,
je n'ai pas envie d'en parler,
j'ai simplement envie d'en écrire.

38

WOW!

On n'est pas là pour résumer les onze romans de Brautigan et ses dix recueils de poésie. Surtout que, s'il y a quelque chose de difficile à résumer, c'est bien l'œuvre de Brautigan. Mais bon, dans la mesure où certains lecteurs ne connaissent rien de cet écrivain, je vais dire quelques mots à propos du livre qui l'a rendu célèbre.

Le premier chapitre de *La pêche à la truite en Amérique* a pour titre « La couverture de *La pêche à la truite en Amérique* ». Il faut savoir que la couverture de ce roman est une photo en noir et blanc de Richard Brautigan et d'une amie. Ils sont le sujet principal. À l'arrière-plan il y a une statue un peu floue. C'est pourtant cet objet flou, cette statue de Benjamin Franklin, que le narrateur décide de prendre pour objet. Il nous dit en introduction que la couverture du livre est une photo de la statue de Franklin dans Washington Square à San Francisco. Ce qui est vrai. J'y suis allé pour vérifier. On se dit quand même dès le début que ce livre est un drôle de truc.

Avez-vous déjà lu un livre qui commence en décrivant sa propre couverture ? Avant ça, moi jamais.

Dans les deux premières pages du livre, on passe d'une description de statue à un candidat à la présidence américaine malheureux, on passe d'une vision de porte d'église à un cartoon de Tom et Jerry, et d'une chronique de soupe populaire à Franz Kafka. Ce n'est que le début mais on sait déjà que ça va être une expérience de lecture totalement originale. Ce qui est vrai, je l'ai lu pour vérifier.

C'est difficile à imaginer mais *La pêche à la truite en Amérique* est également le nom d'un personnage dans le roman. Ce qui est en soi une autre originalité. Oui. En fait, c'est ça. C'est un livre original. C'est un livre expérimental. C'est un livre surprenant dont l'inventivité nous agrippe à chaque page. Mais je m'égare. Je m'égare parce que, comme je le disais au début, il est difficile de résumer Brautigan.

Pour la petite histoire, il y a une anecdote marrante à propos de ce bouquin. À sa sortie, à cause du titre, plusieurs magasins vendant des articles de pêche l'ont commandé. Des dizaines de boutiques chasse et pêche se sont retrouvées avec le roman de Brautigan posé au milieu des rayons de moulinets et d'hameçons. Je ne vous raconte pas la tête des pêcheurs quand ils ouvrent le livre. Ils tournent quelques pages. Ils tombent d'abord sur des recettes de compote de pommes et de pudding puis sur une histoire d'agents du FBI à la recherche d'une truite.

La fin du livre n'est pas une fin. C'est la réalisation d'un désir. C'est une boutade annoncée, puis assumée. Je vous garde la surprise. Je dis simplement que le livre se termine par le mot *mayonnaise*.

Quand j'ai lu ce livre pour la première fois, je me suis dit : « Wow ! » Et vous savez quoi, à chaque fois que je le relis, je me redis : « Wow ! » C'est d'ailleurs pour ça que je le relis. Wow !

39

PRÉMONITION

Comme souvent en soirée, il s'est enfermé dans sa chambre. Il écrit. Accoudé à son petit bureau, il met des mots les uns derrière les autres sur une feuille. Il a dix-neuf ans. Il est en train d'écrire trois courts essais dramatiques expérimentaux. En fait, il en écrit quatre, et le quatrième a pour titre *Linda*. Le rideau se lève. Un homme marche de long en large sur la scène, lentement. Il se prend la tête dans les mains. Il ouvre un tiroir imaginaire et en retire un pistolet imaginaire. Il mime le geste de se mettre le pistolet sur la tempe droite. À ce moment, on entend une forte détonation. L'homme tombe, mort. Deux adolescents amoureux se tenant par la main entrent en scène en gambadant. Ils s'arrêtent devant le corps sans le voir et disent : « La vie n'est-elle pas merveilleuse ? » Le rideau tombe.

Brautigan a écrit ce texte à dix-neuf ans. Trente ans plus tard, il l'a fait.

40

VINGT-SIX MOTS AU FOND
DE SON ARMOIRE

La mère de sa mère est morte hier. Elle a grandi dans l'entre-deux-guerres. Née au milieu des pins du sud-ouest de la France, elle n'a pas eu la vie facile. Fallait se débrouiller. Y avait la guerre. Son mari est rentré malade. Il est touché par les gaz.

Ils ont deux enfants, une fille et un garçon. Ils s'occupent d'une pension de famille, levés à quatre heures pour aller au marché, couchés à minuit après les lessives. Ainsi de suite, jusqu'à ce que le mari meure. La fille se marie. Le fils part en Algérie. Plus tard il y a les petits-enfants et les premières complications médicales. Une mauvaise chute qui vous casse une hanche. Une mauvaise chute qui vous casse un poignet. Une bronchite qui ne guérit pas. Elle vous infecte les poumons. Les étourdissements que le docteur ne comprend pas. Les examens à la clinique, puis à l'hosto, puis faut aller voir le grand spécialiste. Le cœur qui n'est plus aussi frais qu'avant. On s'essouffle au moindre effort. On ne peut plus passer l'aspirateur. C'est trop dur. Heureusement, il y a les enfants. Sa fille habite à côté. Elle lui téléphone tous les jours. Elle s'occupe des courses, du lavage, des affaires courantes.

À la dernière visite, le médecin n'aime pas ça. On refait des examens. Là, sur la radio, le point noir, il faut l'enlever. L'opération est prévue pour le 25. Tout ira bien, c'est de la routine. À quatre-vingt-quatre ans, elle n'est plus très jeune. Elle a encore quelques belles années devant elle. Elle ne passera que trois jours à l'hôpital. Ensuite, un mois en maison de convalescence avant de rentrer avec une aide à domicile. Manque de chance, elle attrape un staphylocoque.

Si le patient est immunodéprimé, il peut se produire une septicémie, c'est-à-dire une entrée et une multiplication de la bactérie dans la circulation sanguine. Dans ce cas, l'individu doit être traité dans les plus brefs délais, se faire administrer de fortes doses d'antibiotiques en milieu hospitalier sous la surveillance continue de professionnels de la santé. La septicémie est une infection grave qui peut être mortelle.

Le séjour à l'hôpital dure quatre semaines. Le séjour en maison de convalescence s'étire sur trois mois. Les volets de sa maison sont fermés. Elle passe dix jours chez sa fille, puis dix jours chez son fils en attendant d'aller mieux. On cherche une maison de retraite spécialisée mais ça coûte cher, très cher. On ne va quand même pas la mettre dans un endroit comme celui qu'on a visité hier. La chambre est grande comme le lit, sans fenêtre, au troisième étage, et on mange ses repas avec des vieillards qui bavent et ne peuvent plus parler.

Son cœur a lâché dans la nuit de vendredi à samedi. Le Service d'aide médicale d'urgence est arrivé rapidement.

Hier on a commencé à vider la maison. Il y a la vaisselle, les vieux livres, le canapé. Le pire pour les enfants, ce sont les vêtements, les pantalons dans les tiroirs, le vieux mouchoir en soie avec les initiales brodées dessus. Je crois que c'était pour son mariage. Les chemisiers et les pyjamas aussi, c'est dur. Dans la salle de bains, il y a les serviettes, la vieille pince à épiler, les multiples boîtes de pilules qu'on ne peut quand même pas jeter comme ça. On les apportera à la pharmacie. Puis les gros meubles, qu'est-ce qu'on en fait ? La table du jardin, vous voulez la prendre ?

Nous avons pris la grande armoire du salon. Il fallait la démonter. Ça a fait beaucoup de bouts de bois à remettre ensemble. Pour éviter le casse-tête, pour retrouver l'ordre du montage des planches, j'ai écrit au feutre vert cette phrase tout du long, au dos de son armoire :

« Exprimant ainsi un besoin humain, j'ai toujours voulu écrire un livre qui s'achèverait sur le mot *mayonnaise*. »

Et en bas, dans le coin à droite, j'ai ajouté :

« P.-S. Désolé, j'ai oublié de te donner la mayonaise (sic). »

Des copains qui déménagent vont la récupérer la semaine prochaine. En la démontant, j'ai retrouvé ces mots de Brautigan. On peut ranger beaucoup de choses dans une armoire, entre les manteaux, les pantalons, les chaussures, les chapeaux, les draps et tout le reste. Moi, pour toujours, j'ai rangé vingt-six mots au fond de son armoire.

41

ZAPPLE N° 3

J'écoute « Cambridge 1969 ». John Lennon joue de la guitare et Yoko Ono pousse des cris de gorge stridents pendant vingt-six minutes et trente et une secondes. C'est la première piste du premier disque réalisé par Zapple, filiale discographique expérimentale des Beatles. C'est une branche du conglomérat Apple Corps, lequel a pour mandat de gérer la fortune des Fab Four. Zapple Records ne sortira que deux albums. Celui de Ono et Lennon, *Unfinished Music No. 2 : Life with the Lions*, et celui de George Harrison, *Electronic Sound*.

Quelques jours avant sa liquidation en juin 1969, Zapple boucle son troisième album. Il est composé de lectures des textes de Richard Brautigan par lui-même et quelques autres. La cinquième piste du disque a pour titre : « Here Are the Sounds of My Life in San Francisco. » On entend Brautigan discuter dans sa cuisine. Son interlocuteur ose lui demander un vrai café. Richard s'emporte : « Quoi, du vrai café dans ma cuisine ! Mais qu'est-ce que je ferais de mon café instantané ? » Malgré la liquidation de Zapple, le disque de Brautigan sortira un an plus tard chez Harvest Records.

Le troisième morceau du disque de Yoko et John nous fait entendre les battements de cœur d'un bébé pendant cinq minutes et dix secondes. Il ne viendra jamais au monde. Yoko perd le bébé. C'est la première d'une série de trois fausses couches.

Sur la dernière piste de son disque, Brautigan lit le fantomatique poème *Boo, Forever* :

> Je suis hanté par tout
> l'espace que je
> vais vivre sans
> toi.

42

DRÔLE DE GOÛT

C'est la nuit. Gabriel fait un cauchemar. Il se réveille. Il appelle son père. Il vit seul avec lui. Il n'y a pas de réponse. Il se lève. La maison est vide. Il a peur. Il téléphone à sa grand-mère. Elle le rassure. La panique s'estompe. Il entend son père qui revient. Il était simplement allé acheter du lait. Depuis cette nuit-là, le lait du matin a un drôle de goût.

Un jour, la mère de Brautigan est partie pendant trois jours. Elle a enfermé ses deux enfants dans une chambre d'hôtel. Richard avait dix ans, sa sœur en avait cinq. Depuis ce jour-là, la vie a un drôle de goût.

43

GADGET

On sait que Gustave Eiffel réalise la structure interne de la statue de la Liberté. On sait moins que Viollet-le-Duc a eu l'idée des plaques en cuivre repoussé pour envelopper cette structure. Sait-on que c'est la société Gaget, Gauthier et Cie à Paris qui produit ces plaques de cuivre ?

La société de fonderie et de chaudronnerie parisienne ne se contente pas de fabriquer l'extérieur de la Dame de fer. Gaget-Gauthier a également l'idée de faire des miniatures de la statue. Le jour de l'inauguration, le 28 octobre 1886, les répliques sont en vente dans un kiosque monté à quelques mètres de l'estrade des dignitaires. On a gravé sous le socle « Gaget, Gauthier et Cie, Paris Made in France ». La vente des statuettes est un grand succès. Dans la foule, on se montre son « Gaget-Gauthier ». Madame Thomas demande à Claire Duncan : « Do you have your Gaget ? » Bill Porter consulte son voisin de droite : « Do you have your Gaget ? »

Avec l'accent américain, Gaget, ça fait *gadget*. C'est ainsi qu'est né ce mot, le jour de l'inauguration de la Liberté éclairant le monde. *Gadget* est aussi le nom du prototype de la première bombe atomique. Dans le cadre du projet Manhattan, l'essai Trinity du 16 juillet 1945 au Nouveau-Mexique consistait à faire exploser Gadget. L'essai fut considéré comme un succès total. Kenneth Bainbridge, le directeur du test, déclara d'ailleurs : « Maintenant, nous sommes tous des fils de pute. »

44

PSY

Il me disait l'autre jour qu'il préfère passer du temps avec des gens qui voient un psy plutôt qu'avec des gens qui *devraient* voir un psy.

QWERTY

Christopher Latham Sholes est né le 14 février 1819 en Pennsylvanie. Il va bientôt avoir cinquante ans. Il lit le *Scientific American Magazine*. Un article qui a pour titre « Le ptérotype » l'interpelle. Un certain John Pratt a mis au point une machine qui sert à écrire. Sholes travaille sur un projet similaire depuis des années. Il trouve dans l'article ce qui lui manquait. Il va enfin pouvoir commercialiser sa machine. Tout le monde va écrire de la même manière. Sholes invente l'écriture normalisée. Après lui, il y a, d'un côté, les lettres manuscrites et, de l'autre, les courriers dactylographiés.

Sa machine sera composée d'un clavier de quatre rangées de onze touches disposées dans l'ordre suivant :

```
2 3 4 5 6 7 8 9 - , —
Q W E R T Y U I O P :
Ï A S D F G H J K L M
& Z C X V B N ? ; . !
```

Dans le monde anglophone, ce type de clavier prendra le nom de QWERTY. Sa variation francophone sera l'AZERTY.

Il est fini le temps où Timothy Berley, commis à New York en 1880, passe de longs moments à déchiffrer l'écriture d'un agent de Minneapolis. Il s'agit d'un mémorandum de la plus haute importance. Berley n'arrive pas à lire s'il faut vendre ou acheter. Une fois son service doté de machines à écrire, Berley est promu. On traite trois fois plus de mémos qu'un an plus tôt. Tous les ordres d'achat et de vente sont parfaitement exécutés. Grâce à Sholes, l'Amérique gagne en compétitivité.

Sur State Street, à Milwaukee, il y a un panneau à sa mémoire :

« INVENTION DE LA MACHINE À ÉCRIRE. C'est ici, au 318 State Street, que C. Latham Sholes perfectionna, en septembre 1869, la première machine à écrire commerciale. »

Mark Twain serait le premier écrivain à avoir soumis un manuscrit sous forme dactylographiée : *Les aventures de Tom Sawyer*.

46

ISAAC

Encore un fils d'immigrés, il est ouvrier, un peu menuisier, un peu forgeron. Une troupe de théâtre ambulant arrive en ville. On joue Shakespeare. Sous le choc et le charme, le fils d'immigrés se joint à eux. Il fait l'acteur un temps. Il a faim. Il va retrouver son frère à Boston. Il invente une machine à trouer la pierre, dépose le brevet, le revend, touche une petite fortune et revient au théâtre. Richard III est le personnage qu'il préfère incarner. « Un cheval ! Un cheval ! Mon royaume pour un cheval ! » Il est toujours en tournée. Il a huit enfants. Sa fortune ne suffit plus.

À Philadelphie, l'ami d'un ami lui trouve un boulot. Il répare des machines qui servent à assembler des pièces de tissu. Le produit n'est pas très fiable. Son utilisation est compliquée. Il parie quarante dollars avec le patron qu'en deux semaines il peut fabriquer une meilleure machine. Il gagne son pari. Isaac Merritt Singer commercialise sa première machine à coudre sous le nom de Model A. La machine à coudre Singer va devenir le premier appareil domestique de production de masse. On est en 1851, Herman Melville publie *Moby-Dick; or, The Whale*.

Pour faire connaître son invention, Singer revient à nouveau au théâtre. Sa machine sous le bras, il s'arrête dans les villes et lance un défi aux meilleures couturières du coin. Il parie qu'il peut coudre mieux et plus vite que dix ou vingt ouvrières réunies. Il gagne chaque fois. À partir de 1870, Singer vend un million de machines à coudre par année. C'est devenu un empire. Son budget publicitaire est le premier à dépasser le million de dollars. C'est une des premières multinationales de l'histoire moderne. Isaac a vingt-huit enfants, légitimes ou non. Sa dernière épouse est la plus belle femme d'Europe. L'actrice franco-britannique Isabella Eugénie Boyer sert de modèle à Bartholdi pour la statue de la Liberté.

Singer : des spécialistes, du service et le sourire ! Au Québec ça se prononce « cygne heure », en France on dit « singe aire ».

À son inauguration en 1908 à New York, le Singer Building est le plus haut gratte-ciel au monde. Il est détruit en 1968 pour faire place au One Liberty Plaza. Avant le 11 septembre 2001, il s'agissait du plus grand bâtiment jamais détruit à New York. Je ne sais pas pourquoi on dit toujours que Moby Dick est une baleine, alors qu'il s'agit clairement d'un cachalot.

47

ELIPHALET

C'est dimanche. Pour clôturer la fête du village, on organise un concours de tir à la carabine. La compétition est rude. Un des concurrents fait sensation. Il est forgeron. Il gagne grâce à une arme qu'il a fabriquée lui-même. L'hiver, dans l'État de New York, près de la rivière Mohawk, il forge des canons pour passer le temps. C'est sa passion. Ils sont aussi précis, sinon plus, que ceux importés d'Europe. Il gagne et les gars du village viennent le voir. À la fin de la journée, le carnet de commandes du forgeron n'a jamais été aussi bien rempli. Tout le monde veut le fusil fabriqué par Eliphalet Remington.

La société Remington et fils est officiellement fondée en 1816. C'est le début de l'histoire du plus important fabricant d'armes à feu au monde. La compagnie va rapidement profiter de l'ouverture du canal de l'Érié pour distribuer sa production vers les Grands Lacs et vers l'ouest. Il y a beaucoup de bisons et d'Indiens là-bas. C'est bon pour les affaires. Ce qui est encore mieux pour les affaires, c'est une guerre. Celle entre les États-Unis et le Mexique commence en 1846. Celle entre le Nord et le Sud se termine en 1865. Remington est au mieux. Le grand défi est désormais de continuer à prospérer en temps de paix. C'est l'époque des essais.

On cherche de nouveaux débouchés. On se diversifie. On fabrique des vélocipèdes, ancêtres de la bicyclette. On produit des machines agricoles. On construit même une sorte de voiture à vapeur. Mais tout ça n'est pas très fructueux. Puis, un jour, un important conglomérat prend contact avec les frères Remington pour la production d'une nouvelle machine. Un important contrat est signé. Remington doit produire douze mille machines à coudre. De la mécanique de la gâchette à l'aiguille mécanique, il n'y a qu'un pas. Remington profite des fastes débuts de cette machine de production massive que tout le monde veut chez lui pour gagner du temps. Vient ensuite une autre machine. Un nouveau pas est franchi. De la mécanique de la machine à coudre, on va passer à celle de la machine à écrire.

La récente invention d'un certain Sholes est prometteuse. Les droits sont acquis. La chaîne de production est légèrement modifiée. La première Sholes & Glidden Typewriter sort des usines en 1873. On l'appelle aussi la Remington n° 1. On est passé du chien de fusil à l'alphabet. L'industrie de la machine à écrire est née. Elle porte en elle le souvenir de la gâchette, sa genèse. Quand on appuie sur une touche, on tire une lettre. Ça fait *tchac*! Il y a là l'écho des détonations passées. Tous ces écrivains qui se sont suicidés, c'est à force de tirer toutes ces lettres comme des balles. Ils sont les victimes d'une lettre perdue.

48

IBM SELECTRIC

On dit que c'est Eliot Noyes qui a fait entrer le design dans l'entreprise américaine moderne. Quand il arrive chez IBM, la compagnie compte deux cent cinquante mille employés. Son chiffre d'affaires est de huit milliards de dollars. Dans le milieu informatique, on commence à donner à IBM le surnom de Big Brother. C'est sous la supervision de Noyes que Paul Rand dessine le nouveau logo de International Business Machines.

Noyes met ensuite en place la première charte graphique globale de l'histoire de l'industrie moderne. Il ne s'agit plus simplement de dessiner un logo, d'en choisir la forme et la couleur, il s'agit d'imaginer l'image d'une compagnie dont le poids économique égale celui de certains pays.

Mais si Noyes passe à la postérité, c'est avant tout parce qu'il dessine l'IBM Selectric. La première machine à écrire où la feuille de papier reste en place. Il n'y a plus de chariot. Ce sont les lettres qui bougent. Ça pivote dans tous les sens. Ça ressemble à une balle de golf. Ça se déplace à toute vitesse et on peut même choisir sa police de caractère : Courier, Times ou Helvetica. Il suffit d'installer la boule correspondante. C'est la plus grande révolution dans le monde de la machine à écrire depuis son invention par Sholes. Peu de temps après son lancement, l'IBM Selectric détient soixante-quinze pour cent du marché. IBM supplante désormais Remington.

Mais le souvenir de la gâchette est toujours là, inscrit dans la machine. Quand on appuie sur une touche, ça fait *tchac*! On tire une lettre. La machine à écrire est la fille directe des fusils à poudre et des machines à coudre. L'IBM Selectric est à la machine à écrire classique ce que la mitraillette est au fusil d'Eliphalet.

Cette nouvelle machine a été lancée en 1971. C'est ce modèle que Brautigan s'est procuré. Il a tapé sur cette machine jusqu'à sa mort, jusqu'à ce qu'il appuie sur la détente originelle, celle d'un revolver.

49

PLAYBOY

Il revoit les piles de magazines cachées en haut d'une étagère au sous-sol : *Playboy, Penthouse, Hustler, Lui, Photo, L'Amateur* et bien d'autres. Il a dix ans. Il y a trois grosses piles. Elles sont restées là des années. Quand ses copains viennent à la maison, on descend à la cave pour mater ces blondes lisses et bronzées, jambes ouvertes, croupe en l'air, doigts dans la bouche, mains entre les jambes, couvertes d'huile, couvertes de lait. Elles sont allongées sur des tapis de fourrure dans des maisons richement décorées. Elles sont étalées sur des chaises en rotin à dossier en éventail sur des terrasses baignées d'une douce lumière d'île déserte. Elles sont seules sur une table en érable vernie, portant des jarretières qui retiennent des bas de soie blancs. Elles posent une jambe sur le rebord de la baignoire, à peine cachée par l'eau savonneuse, le sexe ouvert sous l'eau coulant du pommeau de douche. Les ventres plats luisent. Elles sont parfois étendues les yeux vers les nuages dans des champs de blé mûr, sur des tapis de laine doux, un chapeau de paille pour tout habit et un brin d'herbe au coin de la bouche. Il y a les sévères en jupe courte un aspirateur à la main, les fausses écolières devant un tableau noir et les militaires montées sur des tanks. Qu'est-ce qu'on a pu voir comme culs, comme vagins et comme seins ! De tous les styles, dans toutes les positions, sous tous les décors. On a quand même grandi avec ça dans la tête.

Mais c'était du soft. C'était de l'érotique. C'était l'époque où *Playboy* tirait à cinq millions d'exemplaires. C'était l'époque où les photos de Bo Derek et de Brigitte Bardot côtoyaient les interviews de Salvador Dalí, de Jean-Paul Sartre et de Henry Miller.

Tout ça pour dire que le jour où Brautigan a droit à une page complète dans le numéro de novembre 1970 de *Playboy,* c'est la consécration !

50

UNDERGROUND

J'ai pris le tram
    sous tes reins
métro tard

51

CAPSULE TEMPORELLE

Une capsule temporelle est un contenant hermétique dans lequel on met des objets pour la postérité. C'est une manière de rendre compte de l'état d'une société à un moment donné. On peut considérer que les tombeaux des pharaons sont des capsules temporelles. Pour l'Exposition universelle de 1939 à New York, la compagnie Westinghouse propose de réaliser une capsule dont la durée de vie sera de cinq mille ans. La firme fabrique la capsule dans un alliage spécial. Un très sérieux comité de sélection se penche sur le choix des objets qui seront découverts dans cinq mille ans. On choisit des disques vinyles, un appareil photo, un rasoir, des microfilms (et un lecteur de microfilms), une montre, un drapeau américain, un jeu de cartes, le livre des records, la Bible, des magazines ainsi que des centaines d'autres objets comme des échantillons de tissus, de métaux et de semences. On insère également une lettre à destination de ceux qui ouvriront la capsule en 6939.

La statue de Benjamin Franklin dans Washington Square contient une capsule temporelle. Cette statue est offerte à la ville de San Francisco en 1879 par le docteur Henry Cogswell. Dentiste qui fait fortune pendant la Ruée vers l'or, il est l'un des premiers millionnaires de la ville. Il demande que le contenu de la capsule soit renouvelé tous les cent ans. En 1879, elle contient des effets personnels de Cogswell. Il y a une montre, un stylo, des articles de journaux, un testament, etc. On renouvelle son contenu en 1979. La capsule sera à nouveau mise à jour en 2079, 2179, 2279, 2379, 2479, 2579, 2679... Sauf si on décide que ça commence à bien faire !

Je me demande ce qu'on peut écrire dans une lettre qui sera ouverte dans cinq mille ans. Moi, je verrais bien quelque chose comme : « Il faut vous rendre à l'évidence, Marilyn et Elvis sont bel et bien morts. »

52

FLOWER POWER

C'est l'année des révoltes étudiantes en Amérique, en Europe, au Japon et au Mexique. C'est l'année où Luther King et Bobby Kennedy sont assassinés. C'est le Printemps de Prague et le poing levé, ganté de noir, de Tommie Smith aux Jeux olympiques de Mexico en l'honneur des Black Panthers. C'est la parution de *L'œuvre au noir* de Marguerite Yourcenar et la première représentation de la pièce *Les belles-sœurs* de Michel Tremblay. « Maudit verrat de bâtard que chus donc tannée ! »

Au printemps de cette année 68, Brautigan publie un très original recueil de poèmes. Il s'agit de huit sachets contenant respectivement des graines de courge, d'alysse odorante, de persil, de marguerite Aglaïa, de laitue, de fleurs indigènes de Californie, de carotte et de souci. Un poème est imprimé sur chaque paquet de graines, ainsi que les instructions pour les semer. Les paquets sont disposés dans une petite chemise carrée. La couverture est composée de trois photos ovales de la fillette d'un ami de Richard. En plein cœur du Flower Power,

Richard lance un livre qui a pour titre *Please Plant This Book* (Veuillez planter ce livre). C'est son côté écolo avant la lettre. Dans un article du magazine *LIFE* en 1970, il déclare d'ailleurs qu'il ne peut pas croire que l'homme soit arrivé si loin juste pour se tuer avec sa propre pollution. Il ajoute : « Je me demande si ce que nous publions vaut la peine qu'on coupe des arbres pour fabriquer le papier nécessaire. »

Un bouquet de fleurs séchées qui provenaient des graines de ce recueil de poèmes a été mis en vente sur eBay. L'enchère de départ était de cent dollars. Puis ça s'est mis à monter. La dernière mise était de 12 753 dollars. J'ai dû hypothéquer ma maison pour un bouquet de fleurs. Maudit verrat de bâtard que chus donc tata !

53

FRAGMENTS

Un mot doux. Deux photos de mariage. Une carte postale du magasin Honest Ed's à Toronto. Découpé dans un vieux *Monde diplo,* un dessin de Basquiat (*Tabac,* 1984). Une photo de Jerry Seinfeld avec Elaine, George et Kramer. Un autocollant de la Fédération anarchiste : POLICE PARTOUT, JUSTICE NULLE PART. Un billet de TGV :

Dép 17/05 à 13 h 53 de
PARIS MONT 1 et 2 Classe 2 VOIT 09 :
PLACE NO 54
Arr à 16 h 57 à BORDEAUX ST*JEAN 01
ASSIS NON FUM A UTILISER DANS LE TRAIN
8435 TGV SALLE 01FENETRE
J8/REMB PARTIEL J-4/PAS ECHANGE

C'est à cette époque que Rivages se met à vraiment lire Brautigan. Il a quitté le Québec pour Bordeaux deux ans plus tôt. Il collectionne les fragments de son existence et tombe sur *Tokyo-Montana Express*. C'est le choc. Cette écriture désinvolte avec des chutes comme des coups de fouet, ça claque, ça tape. Il en a plein la tête et recompose sa vie.

54

GIVE PEACE A CHANCE

En mai 1969, John et Yoko s'installent à l'hôtel Le Reine Elizabeth de Montréal pendant une semaine. Ils invitent beaucoup d'amis qui les rejoignent, comme Timothy Leary, Al Capp et le célèbre poète Allen Ginsberg. Après le bed-in d'Amsterdam pour la paix, c'est le bed-in de Montréal.

Sur la table de chevet, près de Yoko, un dépliant annonce : « Nul doute que vous apprécierez tout ce que Montréal peut vous offrir. Paradis des amateurs de grands magasins, de bonnes tables, de festivals et d'évènements sportifs de calibre international, cette ville au cachet unique vibre à la fois au rythme des cultures française et anglaise. Profitez de votre séjour et laissez-nous le soin de vous le rendre mémorable. »

Le 1er juin 1969, dans cet hôtel de Montréal, John Lennon enregistre *Give Peace a Chance*. Il faudra attendre le scandale du Watergate pour que les troupes américaines quittent le Vietnam, en 1975.

55

DE PORTO À RIYAD

Dans un des chapitres de *La pêche à la truite en Amérique*, Brautigan délire sur l'histoire d'une truite morte d'une overdose de porto. Il recense un paquet de bouquins qui parlent de truites et de pêche à la truite et il conclut qu'il n'est fait nulle part mention d'une truite qui serait morte d'avoir bu trop de porto. Par exemple, dans son livre *Truth Is Stranger Than Fishin'* (La vérité est plus étrange que la pêche), Beatrice Cook ne parle à aucun moment d'une overdose de porto chez les poissons.

Le livre de Beatrice Cook dont parle Brautigan existe vraiment. Je l'ai trouvé à la bibliothèque de l'Université du Roi Saoud à Riyad. Si vous voulez l'emprunter, il est actuellement disponible.

56

J'AI FAIT UN RÊVE

Je participe à un concours radiophonique. Je gagne des billets d'avion pour Bolinas. Je vais voir Richard Brautigan. Nous devons aller faire du surf ensemble. Ça tourne mal. Des vagues gigantesques engloutissent la côte californienne. Mon surf sous le bras, je tente de m'accrocher à des pics rocheux qui sortent des vagues. Richard laisse tomber. Il prend ça de haut, les vagues ne l'impressionnent pas. Il se trouve un bout de falaise et s'installe avec sa canne à pêche. J'essaie de le rejoindre mais je suis emporté par une vague. À mon réveil, je trouve une phrase en anglais que j'ai griffonnée dans la page de garde de son *Journal japonais* :

Umbrellas on drug can be very aggressive. If you insult them, they can flip open like a (ici, je n'arrive pas bien à voir si j'ai écrit *knife* ou *wife*).

57

BABYLONE

Rivages vit surtout avec son père. C'est lui qui l'élève. Il s'occupe de lui comme il peut. Il traite son fils davantage comme un ami que comme sa progéniture. Il lui apprend le respect, l'effort et la responsabilité. Tant que Gabriel est responsable, son père le laisse libre de beaucoup de choses. Par exemple, Gabriel n'a pas vraiment d'heure pour rentrer et sortir. Son père non plus d'ailleurs, qui sort souvent vers minuit et rentre aux petites heures du matin. Mais Gabriel ne pose pas de question. Il y a une entente tacite entre eux. Si Gabriel ne pose pas de question, son père ne lui posera pas de question non plus. C'est tellement vrai que Gabriel prend parfois cette absence de curiosité pour de l'indifférence. C'est comme ça, mais il sait que son père l'aime.

Gabriel a trente ans. Il vit en France depuis quelques années. Le téléphone sonne. La voix de sa mère tremble. Ton père est mort. Le père de Rivages est retrouvé mort dans un club échangiste de Montréal. Il y a eu une tuerie. Un ex-mari jaloux a retrouvé sa femme et le club qu'elle fréquente. L'homme entre et fait feu sur sept personnes. Le père de Rivages, sanglé sur un lit, en combinaison de cuir noir, ne peut rien faire. Il voit la porte s'ouvrir. Il voit un homme avec un fusil dans une main, un revolver dans l'autre. Il voit du sang qui gicle. Il entend les premières détonations avant qu'une douleur brûlante ne saisisse son épaule droite. Des cris, il fait noir, c'est fini.

Le carnage est rapporté en détail dans les journaux. Avant de s'enlever la vie, l'ex-mari jaloux mutile les corps. Le tableau final ressemble au *Radeau de la Méduse* de Géricault, ou plutôt à *La mort de Sardanapale* de Delacroix. Gabriel prend l'avion. La mort est en soi tragique mais la honte des circonstances est aggravante. Le voile se lève tout à coup sur les secrets enfouis. Les longues nuits d'absence trouvent leur explication. Les perquisitions de la police révèlent des faits qui accablent. Il y a les photos, les films, les revues. C'est la mise à nu. Rivages revoit les piles de *Playboy* de son enfance pour la dernière fois.

58

JE SUIS ARRIVÉ AU BUREAU
VERS 9 H 30

Je suis arrivé au bureau vers 9 h 30. J'ai dit bonjour à mes collègues. L'ordinateur allumé, j'ai tapé mon mot de passe : faitchier100%. Dans Outlook, j'ai peu de messages mais encore trop. Johnpetters66 me demande dans un mauvais franglais si je « veut lui mettre ton dick all night ? » La DRH annonce le départ du vice-président des ventes, qui souhaite relever de nouveaux défis professionnels. En fait, vu les mauvais chiffres du trimestre, il s'est fait virer comme un malpropre. Un autre message m'apprend la venue à Paris du plus grand salon de Marketing Direct européen. La veuve d'un dictateur africain mort assassiné lors d'un coup d'État va me verser cinq cent mille dollars si je lui fournis mes coordonnées bancaires. C'est un fulgurant début de journée des plus ordinaires. Je vais avoir lentement envie d'aller lire mes e-mails personnels. Grâce à YouTube et à Wikipédia, je vais gagner un peu de temps perdu.

59

PORTEZ CE VIEUX WHISKY
AU CHIEN PARESSEUX

« Portez ce vieux whisky au juge blond qui fume » est un pangramme. C'est une phrase qui contient toutes les lettres de l'alphabet : abcdefghijklmnopqrstuvwxyz. Je crois avoir lu quelque part que ce pangramme est passé à la postérité parce qu'on s'en servait dans le métier de la typographie. Pour vérifier que toutes les lettres sont en bon état, le typographe français fait un premier essai d'impression avec ce pangramme. Le typographe anglais utilise une version anglaise : « The quick brown fox jumps over the lazy dog. » Aujourd'hui, quand vous voulez acheter des polices sur Internet, on utilise ces phrases pour présenter tous les caractères. J'imagine que c'est une tradition.

Benjamin Franklin commence dans la vie comme imprimeur. C'est plus tard qu'il promène son cerf-volant au milieu de l'orage et démontre la nature électrique de la foudre. C'est bien plus tard que sa statue est en photo sur la couverture d'un roman de Richard Brautigan. Mais toute sa vie il garde en lui cette image qui le fait sourire, celle d'un renard roux qui saute par-dessus un gros chien paresseux.

C'est Franklin qui a dit : « Si l'homme réalisait la moitié de ses désirs, il doublerait ses peines. »

60

13 FÉVRIER

Le 13 février 1944 elle se suicide. On vient de lui annoncer que son fils a été fait prisonnier par les nazis. Le 13 février 1945 le fils prisonnier est dans un abattoir à Dresde en Allemagne. Les Alliés bombardent la ville. Mille cinq cents Lancaster pilonnent la capitale de la Saxe. Les Britanniques, les Canadiens et les Américains réduisent la cité à néant. La chaleur dégagée par les explosions est si forte qu'elle fait fondre les cloches des églises. Des dizaines de milliers d'innocents sont tués. Gabriel Rivages vient au monde vingt-quatre ans plus tard, jour pour jour.

Kurt Vonnegut, Jr. a survécu au bombardement. Le fils prisonnier, c'était lui. Il en tire un roman qui a pour titre *Slaughterhouse-Five (Abattoir 5)*, publié en 1969. Le personnage principal se nomme Billy Pèlerin. Un personnage secondaire s'appelle Kilgore Trout (truite). C'est un hommage au roman *La pêche à la truite* de Richard Brautigan. En 67, Vonnegut est un auteur important. En 67, Vonnegut prend l'avion pour se rendre à l'Exposition universelle de Montréal et tombe sur un livre de

Brautigan. Il est conquis. En 67, Vonnegut est déjà un écrivain reconnu. Il parle de ce livre à Seymour Lawrence, son éditeur new-yorkais. C'est grâce à Vonnegut que Brautigan connaît le succès. C'est grâce à lui que Delacorte Press décide de publier en triptyque ces livres de Brautigan : *Trout Fishing in America*, *The Pill Versus the Springhill Mine Disaster* et *In Watermelon Sugar*.

Dans *Abattoir 5*, Billy Pèlerin meurt assassiné le 13 février 1976.

61

QUATORZE ANS

La première fois que son père lui parle de son envie de mourir, elle a quatorze ans. C'est une ado élevée dans les années soixante à San Francisco. Elle a passé de longues journées à jouer dans Washington Square. Il y a tous ces gens avec des cheveux longs, pieds nus, vêtus de t-shirts multicolores et de robes à franges. Les enfants jouent ensemble, mangent, sautent, se promènent nus avec des plumes dans les cheveux. À l'ombre de Coit Tower, l'Amérique rêve d'un autre monde. On fume des joints, on boit de l'acide Kool-Aid, on joue de la guitare. Ça chante et ça danse.

Elle a trois ans quand son père et sa mère se séparent. Mais la séparation, au milieu des tambourins, des sit-in, des peace and love, faites l'amour pas la guerre, *I have a dream*, la séparation ça ne veut pas dire grand-chose. Elle habite parfois chez sa mère, parfois chez son père. Et son père à elle, il est poète. Elle sait qu'il n'est pas tout à fait comme les autres. Ce n'est pas un père qui travaille de huit à cinq. Il n'est pas du genre qui rentre le soir fatigué, s'assoit devant la télé, prend le journal, caresse le chien, demande quand le repas sera prêt. Non, son père, il fait ce qu'il veut, quand il veut, comme il veut. Il a toujours fait ça, même si parfois ça suppose d'avoir faim, d'avoir froid et de penser mourir.

À quatorze ans elle a un père grandiose. Il a du succès et il l'aime beaucoup. Il l'a toujours considérée comme son égale. Il lui a toujours donné une place importante, toujours un grand respect, toujours là, toujours capable de discuter avec elle comme avec une grande personne. Alors un jour, un jour de grande angoisse, il lui avoue que, si elle n'était pas là, il se tuerait. Il lui avoue que, cette nuit-là, il voulait vraiment le faire. Mais l'idée qu'elle allait trouver son cadavre dans le salon en allant prendre son petit déjeuner, cette idée l'a stoppé net. Donc il ne se suicide pas, pas encore.

Elle avait quatorze ans quand il lui a parlé pour la première fois de son envie de mourir. Elle avait vingt-quatre ans quand il est passé à l'acte.

62

GAME OVER

Je n'aime pas le monde dans lequel il grandit. Je suis inquiet quand je le vois plié sur une boîte en plastique pleine d'électronique. Il pousse des boutons. Il est le maître du jeu. Il fait sauter le personnage bleu. Il tape sur le rouge. Il saute par-dessus le ravin. Il rampe. Il trouve une clé. Il ouvre une porte. Il croise un monstre qui arbore un cercle jaune dans lequel il doit lancer des flèches pour que la barre rouge de l'énergie atteigne le niveau zéro. Il meurt. On passe au prochain tableau. Le personnage bleu doit traverser une rivière. Il doit éviter les crocodiles. Il avance sur des pierres qui dépassent de l'eau. Plus la partie avance, plus les pierres sont instables. Il ne faut pas rester plus d'une seconde sur chacune d'elles, sinon elles coulent. L'enfant appuie maintenant frénétiquement sur les touches, à gauche, à droite, droite, gauche, haut, bas. Il faut avancer rapidement, appuyer sur le bouton A pour accélérer, maintenir les deux boutons de commande pour sauter plus haut. On est en pleine jungle, à l'heure du crépuscule. Un pointeur en forme de cible lui donne l'impression d'être derrière la mitraillette, vue subjective. Il avance en regardant à gauche et à droite, une forme derrière une feuille de palmier. Ça bouge. Un militaire en treillis chargé de mille gadgets électroniques surgit.

MISSION EPISODE JUNGLE FIRE

La mitraillette crache le feu. Le sang gicle sur l'écran, sur l'écran du monde de la jungle. L'enfant sur le canapé reste propre. Il a du chocolat autour de la bouche mais pas de sang sur les mains. La partie continue. Il ne lui reste plus qu'une vie. Il faut qu'il tienne pour battre son record. Ses nerfs sont à vif. Il se mord les lèvres. Il faut atteindre la clairière et détruire le dernier tank avec une grenade antichar. Il lève le bras. Trop tard, le char a tiré. Game over. Il a envie de pleurer, c'est la dix-huitième fois qu'il arrive à cette étape et il est incapable de la franchir. Il va falloir tout recommencer depuis le début. Il perd courage. Heureusement, son père l'appelle. Il est l'heure de venir manger. Il peut poser son machine gun. Il peut enlever ses lunettes infrarouges. Il peut sortir de la jungle. Il pose sa console de jeu. Il se lève, engourdi. Il n'est pas encore revenu dans la maison, dans le salon de sa maison, avec son père et sa mère. Il est encore un peu loin. Il revient à peine au monde. Il a les bouts des doigts engourdis. Il a des crampes au niveau des trapèzes. « Va te laver les mains », lui dit sa mère. Au même moment, à Kandahar, le sergent Rosewater marche sur une mine antipersonnel artisanale qui contient des morceaux de verre, des clous, des lames de rasoir et d'autres babioles. Sa jambe droite est arrachée. Treize clous s'enfoncent dans ses parties génitales, son bas-ventre et son poignet droit. Une lame de rasoir se plante dans son œil gauche. Le sergent Rosewater agonise pendant soixante-treize minutes. Il pisse le sang. La douleur insupportable le maintient au bord de l'évanouissement. Il n'a pas la force de penser à son fils de huit ans. Il n'a pas la force de revoir sa vie défiler à toute vitesse, avec la naissance, les parents, son frère, sa demi-sœur, le divorce, l'appartement sur Churchill Avenue, la boutique de jouets, la période de chômage, le dernier Super Bowl, son enrôlement, les Afghanes violées lors de sa première patrouille, la dernière lettre d'amour envoyée à sa femme. Elle était si belle. Il est mort.

63

LE GEARY BOULEVARD TUNNEL

Le tunnel du boulevard Geary au coin de l'avenue Masonic a été fermé pendant plus d'une heure cet après-midi. Une moto a pris feu à la suite d'une collision avec une voiture, rapporte la police de San Francisco. Toutes les voies du tunnel ont été fermées un peu avant seize heures et le feu a été maîtrisé une demi-heure plus tard. Les autocars ont été autorisés à emprunter le tunnel durant l'enquête sur les circonstances de l'accident et le nettoyage de la chaussée. La réouverture du tunnel à tous les véhicules était prévue vers dix-huit heures. On déplore un blessé, qui a été conduit à l'hôpital.

Brautigan a longtemps habité sur Geary, mais quand les travaux du tunnel ont commencé, il a déménagé. La modernisation l'a chassé. En plus, il n'a jamais eu de permis de conduire de sa vie. Les tunnels, il n'en a rien à foutre.

64

MAYONNAISE INDUSTRIELLE

Huile de colza, eau, vinaigre d'alcool, moutarde de Dijon, acide citrique (E330), jaune d'œuf, dextrose de blé, sel, amidon modifié de maïs, arômes, colorants : lutéine (E161b) et extrait de paprika (E160c), épaississant : gomme de xanthane.
Traces éventuelles de lait.

Industrie, subst. fém. : ensemble des activités économiques fondées sur la transformation des matières premières. « La société industrielle n'ouvrira les chemins d'une civilisation qu'en redonnant au travailleur la dignité du créateur, c'est-à-dire en appliquant son intérêt et sa réflexion autant au travail lui-même qu'à son produit. » (Camus, *L'homme révolté*)

65

PENSION FORNET

Pension El Fornet, 1, rue Beniardá, Altea, province d'Alicante. Dans la chambre : une armoire, un miroir, un petit bureau à tiroirs et une chaise. Deux lits simples poussés l'un contre l'autre. Sur la terrasse qui surplombe le village, une table et deux chaises. Il est quatre heures de l'après-midi, l'heure de la sieste. Il fait vraiment très chaud. Tout est blanc. Les bruits qui montent sont étouffés. Claquements de sandales sur les trottoirs pierreux. Une brume aveuglante au-dessus de la Méditerranée. Des vêtements sèchent sur les toits des terrasses en dalles rouges. Peu d'oiseaux à cette heure. Un bruit de moteur très très loin. Les touristes sont à la plage. Une bouteille de gaz sous l'évier, des antennes tournées vers le sud. Trois palmiers. Une semaine de vacances. Tout paraît loin, aussi loin que cet horizon bleuté. Le calme, un calme rond. L'absurdité des allers-retours du travailleur, matin et soir, s'estompe. Elle se réveille. Tout est blanc. Le linge est sec. Le son unique de la cloche indique tout juste la demi-heure. Parfois, fugitive, instantanée, timide, une brise, un souffle de vent comme une offrande, quatre feuilles de bougainvilliers tremblent et une odeur de jasmin embaume. Au-dessus des *toldos*, l'air ondule, la peau est moite. *Ven aquí!* Encore un effort et nous descendrons à la plage, dans l'eau, goût du sel, les pierres rondes et chaudes sous les pieds. Elles laissent des traces blanches, poudreuses, comme dans un rêve. C'est comme ça qu'on construit des châteaux en Espagne.

66

SPERME GALACTIQUE

Je me mouche sans arrêt depuis trois jours. Les yeux me démangent. Je les frotte sans discontinuer. J'ai l'impression que quelque chose appuie très fort à l'intérieur de ma tête, au niveau du front. J'ai peut-être une sinusite.

J'ai pris rendez-vous chez le médecin. Sur la table basse de la salle d'attente je trouve un numéro de *Science & Vie*. Un article nous apprend que, devenu lourd comme un million de soleils, un trou noir expulse parfois un gigantesque jet de gaz. Certaines théories stipulent que la rencontre de ce jet avec une nuée de gaz environnante donnerait naissance à des étoiles puis à des galaxies entières. C'est comme si les trous noirs fécondaient l'univers. Le trou noir comme image de la mère, image renversée, mère androgyne capable de s'autoaccoupler pour que naisse le cosmos. La science moderne retrouve les images antiques du chaos d'où le monde a un jour surgi.

C'est dans les années soixante en Californie que naît la véritable théorie des trous noirs. C'est Kip Thorne, professeur à Caltech à Pasadena, qui baptise ce type de corps céleste. Pour Brautigan, un trou noir, c'est la perfection. Comme il l'écrit : « S'il n'y a rien là-haut, comment quelque chose pourrait-il aller de travers ? »

Le médecin m'a prescrit des antibiotiques à prendre matin et soir pendant une semaine.

67

TABLE DES MATIÈRES

Le passé n'est pas mort. Il n'est même pas passé.
WILLIAM FAULKNER

Pour ses quarante ans, Ianthe, la fille de Brautigan, a publié un livre. C'est son histoire à elle. C'est sa vie vue à travers le suicide de son père. Le livre a pour titre : *You Can't Catch Death* (Tu ne peux pas attraper la mort). Il fait référence à un épisode où Ianthe est prise de panique. Pour la rassurer, sa belle-mère lui explique qu'elle ne peut pas attraper la mort de son père. Pour qui aime Brautigan, c'est un bon livre. Je trouve dommage cependant qu'il ne comporte aucune table des matières.

Pour moi, la table des matières d'un livre de Brautigan, c'est un poème en soi. C'est un chapitre au complet. Je ne comprends pas pourquoi certaines éditions françaises omettent d'inclure la table des matières. Exemple avec *Un privé à Babylone* :

Bonnes nouvelles, mauvaises nouvelles
Babylone
Oklahoma
Brouillard de cactus
Ma petite amie
Le sergent Rink
Le palais de justice
Adolf Hitler
Moutarde
Bela Lugosi
etc.

Le quatrième chapitre du livre de Ianthe s'intitule « My Father's Hair Looked Like Albert Einstein's » (Les cheveux de mon père ressemblaient à ceux d'Albert Einstein), il commence à la page 26.

68

ÉCRAN GÉANT MUET
SEIZE NEUVIÈMES

Le Campanile est un restaurant d'autoroute. Ce midi au menu il y a du dos de cabillaud accompagné de sa fondue de poireaux. J'ai pris un steak frites et une bière pression. La serveuse me demande si je préfère une Kronenbourg, une Stella Artois ou une Heineken. Je prendrai une Kro, merci.

Accroché au mur en face de moi, un téléviseur écran plat géant seize neuvièmes diffuse des images d'une chaîne d'information en continu. On voit les images mais on n'entend pas le son. Les grands titres défilent au bas de l'écran pour pallier le mutisme des protagonistes. L'homme à la table sur ma gauche sort son mouchoir pour se moucher. Francis Ford Coppola bouge les lèvres sur l'écran. J'en conclus qu'il doit être question de cinéma ou d'autre chose. Parfois les artistes viennent parler à la télé de sujets qui n'ont rien à voir avec leur vie professionnelle. Parfois ils font la cuisine en direct avec une animatrice. Ce midi Francis Ford Coppola va réaliser pour vous un œuf mayonnaise ! Tadam !

Sur ma droite, il y a deux posters sous verre. Le premier a pour thème la pêche à la mouche : une canne à pêche, des mouches, un moulinet, une épuisette, un panier en osier. Le second représente la vie dans les landes de Gascogne au dix-neuvième siècle : récolte de la gomme de pin, échasses pour parcourir les marécages, bottes de foin et habitation typique.

Je termine mon repas par un espresso.

Je paye et remonte dans ma voiture. J'emprunte la voie rapide sur quatre kilomètres. Je rentre de ma pause de midi. À quatorze heures trente, je suis en réunion avec mon directeur. J'aurais préféré rester devant l'écran géant muet seize neuvièmes.

69

LA FORCE DE LA FOUDRE

Rivages termine ses études universitaires en littérature. Il rédige son mémoire. Ça parle de l'histoire des États-Unis. Ça parle de science, de locomotives, de chaise électrique et de la pile de Volta. Ça parle d'automates, d'éclairs, de baleines et du capitaine Achab. Achab est une machine. Il est le descendant direct de la créature de Frankenstein. Il est décrit et constitué comme une machine par l'auteur, Herman Melville. Il le décrit comme une machine, mais une machine touchée par la foudre. Comme la créature de Mary Shelley, qui prend vie sous le choc électrique, Achab est né d'un orage en mer, les éclairs frappant les mâts du bateau et le feu Saint-Elme éclairant le capitaine maudit. Sa jambe de bois marque son caractère inhumain. Ça parle aussi du blanc de la baleine qui est en fait un cachalot.

Rivages donne des cours à l'Université de Toronto. Il lit au moins un livre par semaine. Il rencontre Annie-Anne. Elle repart en France. Il la suit. Il ne lit presque plus. Il a trente ans. Il travaille en communication. Il retouche des images avec Photoshop. Il détoure, copie, colle et ajuste des pixels. Il faut cliquer avant de sélectionner. Toujours penser à « enregistrer sous ». Si c'est pour le Web, mettre en RVB, sinon en CMJN. Il prend contact avec la responsable du prochain congrès à Prague. Combien faut-il de DVD, de posters et de bouteilles d'eau? Ainsi va la vie. Puis, un jour, il ouvre un autre Brautigan. C'est son troisième. Cette fois, le courant passe. Il passe avec la force de la foudre.

70

WELCOME

Quand on a lu *Sur la route* de Kerouac et *Howl* de Ginsberg et qu'on s'intéresse à la littérature américaine, la librairie City Lights de Lawrence Ferlinghetti à San Francisco est un lieu incontournable. En 2001, dans le cadre de son travail, Rivages passe quelques jours à San Francisco. Alors, ce samedi-là, il pousse la porte d'entrée du 261 Columbus Avenue dans North Beach. City Lights, c'est le temple des beatniks. Un poster de Kerouac l'accueille. C'est bien rangé et en bois. C'est un peu solennel. Révolution, guerre d'Espagne, design, théâtre, cinéma, *The Doors,* c'est un sanctuaire. C'est un musée à la mémoire d'une autre idée de l'Amérique.

Au hasard des rayonnages et des présentoirs, il tombe sur une réédition du premier triptyque de Brautigan. Un coin de table lui est dédié. Un roman posthume vient de paraître, publié par sa fille, *An Unfortunate Woman.* C'est le dernier livre de Brautigan, écrit en 1982, deux ans avant son suicide. Rivages achète les deux Brautigan et un livre sur la guerre d'Espagne où il est question de George Orwell.

Les livres sont payés. Il sort. Il marche sur Columbus jusqu'à Washington Square. Il a dans son sac une belle partie de l'œuvre de Brautigan. Il ne sait pas que, pendant les prochaines années, il ne lira plus que ça en boucle. Il lira toute son œuvre en français, puis toute son œuvre en anglais, plusieurs fois. Arrivé au parc, il reconnaît immédiatement la statue de Benjamin Franklin qui sert d'introduction à *La pêche à la truite en Amérique*.

Au pied de la statue, il y a quatre mots. À l'est WELCOME, à l'ouest WELCOME, au nord WELCOME, au sud WELCOME. Rivages a l'impression que c'est Brautigan qui l'accueille.

71

I LOVE CHAOS

C'est quand même l'histoire d'un ti-cul de l'Oregon qui descend à San Francisco pour devenir écrivain. Il ne va pas à l'université. Il écrit. Il tente de percer. Il persévère pendant dix ans. Un jour ça décolle. Il finit par être publié par une grande maison d'édition. La première année il vend cent mille exemplaires. C'est un succès. Il ne touche pas tout de suite les redevances. Il continue de passer des après-midi entiers à photocopier ses manuscrits page par page à la pharmacie du coin. Mettre la pièce, mettre la feuille, appuyer sur le bouton vert, attendre, enlever la feuille, remettre une feuille, remettre une pièce, appuyer à nouveau sur le bouton vert, attendre, tout ça pendant cent vingt-cinq pages.

Puis il est connu et reconnu. Il rencontre du beau monde. On le reçoit dans la jet-set de Frisco. Il passe une soirée chez Jack Nicholson. Il écrit quelques trucs pour Janis Joplin. Il veut faire comme son pote McClure qui a écrit *Mercedes Benz* pour elle. C'est la dernière chanson enregistrée du vivant de Janis. Elle meurt juste après. Elle est retrouvée morte d'une overdose d'héroïne le 4 octobre 1970 à Los Angeles. Elle n'a pas eu le temps d'enregistrer les pistes instrumentales de *Mercedes Benz*.

Quand Brautigan est invité pour une lecture à Harvard, il est au faîte de sa gloire. Il monte sur l'estrade. Avec sa voix traînante et grave il se met à lire quelques poèmes. Ses amis lui font passer une bouteille de chablis. Il ne refuse jamais une gorgée d'alcool. La foule des étudiants l'écoute religieusement. Brautigan a terminé la bouteille. Ça s'échauffe. Il saute de l'estrade et demande aux spectateurs de prendre part au spectacle. Les premiers venus lisent «Love Poem». Une fille vient lire ses textes à elle. Un gars torse nu déclame un extrait d'un manifeste. Puis un autre s'empare du micro, sort son harmonica et attaque un blues de Luther Johnson. Brautigan applaudit, tout le monde se met à danser. Les gentils étudiants de Harvard sont survoltés. On entend crier des trucs comme : «Vive la pêche à la truite!», «Hourra pour Lee Mellon!» Bref, la lecture de poésie de Brautigan à Harvard tourne au grand bordel. Dans l'euphorie générale, Brautigan reprend le micro et s'exclame de toute sa hauteur : «I love chaos!»

72

GREGOR MENDEL

L'enterrement se passe bien. Avant de rentrer en France, Rivages partage un dernier repas avec sa mère. Ils sont à table. Il parle du père mort dans un club échangiste de Montréal. Elle lui prend la main. Elle le regarde dans les yeux. Elle lui dit : « Tu sais, ton père, ce n'était pas ton vrai père… »

73

HUIT PAGES

Grâce à ses récents succès, Brautigan achète une maison à Bolinas et un ranch dans le Montana, pas très loin de chez son ami Jim Harrison. Il boit de plus en plus. S'installer à la campagne lui fait du bien, au début. Il peut à nouveau pêcher.

Il s'est aménagé une chambre d'écriture, un atelier d'écrivain, un petit nid à lui tout seul dans une cabane derrière la grange. Il y a un étage. Là, en hauteur, entouré de quatre grandes fenêtres, il est au milieu des prairies, au milieu de la plaine. Que le vent souffle, que l'orage gronde, que la pluie tombe ou qu'il fasse trente-cinq degrés à l'ombre, il monte ici tous les jours pour écrire.

Un soir qu'il redescend de son repaire, sa fille lui demande s'il va bien. Il répond que c'est une bonne journée. Elle veut savoir c'est quoi, une bonne journée. Son père lui répond qu'une bonne journée, c'est huit pages.

74

CINÉCURE

Moi, *cinécure*, j'avais toujours pensé que c'était par rapport au cinéma. Voyez-vous, quand on ne l'a jamais vu écrit, on se dit que, bien sûr, quand on dit que ce n'est pas une cinécure, c'est dans le sens que ce n'est pas du cinéma. Ce n'est pas une cure de cinéma. On n'est pas assis bien tranquille dans son fauteuil dans une salle sombre à regarder un bon film, à prendre du bon temps.

En fait, rien à voir, une cinécure, ce n'est pas ça du tout. Ça s'écrit d'ailleurs : *sinécure*, et ça, ce n'est pas la même chose que du cinéma. C'est un ancien titre qu'on accordait à un clerc. Ce temps-là est passé mais l'expression est restée. Ce n'est pas une sinécure. Il ne faut pas croire que c'est facile. Ce n'est pas de tout repos. Ce n'est pas rien. « Malgré l'opinion générale, le mariage n'est pas une sinécure. » (Balzac, *Physiologie du mariage*)

75

COMME UNE TRUITE
HORS DU TORRENT

La pêche à la mouche est une technique de pêche très particulière. Ça n'a rien à voir avec la pêche à la ligne. N'importe qui peut pêcher avec une canne, un fil, un hameçon et un ver. Il suffit d'attendre devant l'eau qui brille. Ça demande surtout de la patience et un peu de chance. La pêche à la mouche, c'est autre chose. La pêche à la mouche, c'est une technique qui demande des années d'entraînement. Vous avez dans votre main une longue perche très souple. Le fil va en s'amenuisant et se termine par une fausse mouche, un faux bourdon ou une fausse éphémère. Il faut faire croire au poisson que c'est en vie, que ça vole. Le fil doit tournoyer. Il faut fouetter la surface de l'eau. Il faut déposer l'appât en douceur. Il doit toucher l'eau avant le fil. C'est un ballet. On décrit de grands cercles dans le ciel avec son bras. Dans l'eau jusqu'à la taille, on joue l'insecte qui boit. On joue l'insecte à demi noyé, porté par le courant. C'est un bon stratagème pour la pêche au gros. À la pêche à la mouche il faut faire semblant. On joue un jeu. On trompe le réel avec une mouche. On trompe le poisson avec quelques bouts de plumes qui cachent un hameçon.

Brautigan écrit comme il pêche. Il nous appâte avec un détail et file dans la vie et la mort. Au dernier moment, il ferre d'un trait d'humour. Il nous tire de la rêverie comme une truite hors du torrent.

76

POÈME

Snif
Meuh
Prout
     Crotte

Atchoum Pipi
Ksss   Rrrrrr
Miam miam !

77

CE N'EST PAS LA MÊME CHOSE

J'ai pris le menu spécial à sept euros. Pâtes au choix, boisson, dessert : bolognaise, bouteille d'eau et muffin au chocolat. À côté de moi, deux femmes dans la quarantaine discutent.

— De toute façon pour l'instant rien ne change. Amélie est à la maison et nous avons la charge tous les deux. Il va peut-être falloir qu'elle aille un peu plus à la garderie. Bon, mais avec mon travail ça ne change rien. Je me suis dit que pour l'instant on voit comme ça. C'est juste que c'est soudain. Je ne m'attendais pas à ça. C'est vrai qu'il y a eu des moments difficiles. Mais de toute façon c'est mieux comme ça. Ce sera mieux pour lui, ce sera mieux pour moi. Mais tu comprends, j'aurais préféré être un peu plus préparée. S'il m'avait dit qu'il voulait faire une pause, prendre le temps de réfléchir. D'un autre côté il a fait ça proprement, il ne m'a pas laissée cogiter pendant des mois.

— Et il a quelqu'un d'autre ?

— En fait, pas vraiment. C'est-à-dire qu'il a fait ça proprement, tu comprends. Il ne m'a pas trompée. Il n'a pas couché avec elle. Il a quelqu'un mais c'est comme ça. Ils ne se voient pas souvent. Enfin elle n'est pas d'ici et elle travaille beaucoup.

— Tu la connais ?

— En fait, tu sais, je n'ai pas mis beaucoup de temps à comprendre qui c'était. C'est une ancienne copine à lui du lycée. Je sais où elle habite. Tu me connais, il ne me faut pas longtemps pour savoir quand je veux savoir. D'ailleurs, je lui en veux davantage à elle qu'à lui. Et il n'est pas question qu'elle approche ma fille. Alors là c'est hors de question.

— Tu as quand même l'air de bien prendre ça ?

— Tu me connais, j'ai des hauts et des bas. Mais ça ne sert à rien de s'apitoyer. Ça ne va pas être facile mais on va y arriver. De toute façon on verra bien. Tu comprends, c'est comme ma collègue. Elle s'est fait opérer pour un cancer du cerveau. Une fois à l'hosto ils ont découvert qu'elle en avait partout. Deux mois après elle était morte. Alors bon. Si on m'avait annoncé qu'il avait le cancer, qu'il était mort, ça m'aurait complètement démolie, mais nous sommes vivants, tu comprends. J'ai quarante ans, j'ai encore la vie, je peux encore refaire ma vie. Ce n'est pas la même chose.

78

AU RYTHME DE LA MACHINE À ÉCRIRE

Un soir de juin 1964, Janis est chez Jorma et sa femme Vanessa. Ils boivent et font passer des pétards. Vers minuit Jorma sort sa guitare. Jorma Kaukonen est le futur guitariste de Jefferson Airplane. Janis commence à fredonner. Elle entonne un bon vieux blues, *Trouble in Mind*. Il y a une vieille machine à écrire sur une étagère. Vanessa la pose devant elle et se met à battre le rythme avec les touches. Janis chante, Jorma gratte et Vanessa joue de la machine à écrire. Le résultat est un album pirate qui a pour titre *The Typewriter Tape*.

Selon certaines sources, c'est la machine à écrire Royal de Richard Brautigan qui aurait été utilisée lors de cet enregistrement. Ça a failli être le début de l'histoire de la chanteuse à la crinière rousse et du poète à la tignasse blonde.

79

QUELQUE CHOSE
PLUTÔT QUE RIEN

Comme disait ma grand-mère, on est ben moins misérable à s'intéresser à quèque chose plutôt qu'à rien.

80

ACIDE DÉSOXYRIBONUCLÉIQUE

Rivages rentre chez lui. Il pense au père mort. Il pense au père biologique. Il se sent pris dans un drôle de filet. C'est l'histoire d'un bâtard avec un père. Il n'a qu'un seul nom. L'évidence est pourtant là. Le vrai père est celui qui vous élève, qui est là tous les jours de votre vie. Mettre une femme enceinte n'a rien à voir avec la paternité. Le problème, c'est l'ADN. C'est physique. Il sait qu'il est constitué à cinquante pour cent de cet inconnu. C'est troublant. Ça tisse un drôle de lien malgré tout. Il se dit pourtant que c'est des conneries, tout ça.

Son géniteur n'a pas endossé. Il n'a pas assumé la femme enceinte et sa paternité. Il baise avec une fille un soir, tire un coup et basta. Qui se refuse la jouissance ? Il n'a pas utilisé de condom ou le condom était percé ou il pensait pouvoir se retirer juste avant mais trop tard. Ça a foiré. Que se passe-t-il ensuite ? Son sperme gagne l'utérus de l'amante. Un spermatozoïde de cinq microns, un gamète, observé pour la première fois dans l'histoire de l'humanité par le Néerlandais Van Leeuwenhoek, féconde l'ovule. Il vient de lancer le processus de procréation d'un nouvel être humain. Comment doit-il l'assumer ? Qu'est-ce qu'on fait dans ces cas-là ? À l'époque, c'est compliqué de se débarrasser de la chose. Ça ne se fait pas. La chose commence à pousser dans le ventre de la femme.

Sa mère a eu la chance de retrouver un amour de jeunesse. Il la trouve toujours aussi belle. Il veut l'épouser. Elle est enceinte. Ça lui est égal. Il aura un fils. Lui-même n'a pas grandi avec ses parents. Pour Rivages, la vérité a été longue à venir. Ce qui l'embête le plus, c'est toutes ces fois où un médecin lui a demandé s'il y avait des problèmes de santé particuliers dans sa famille. Il a toujours répondu que non. Aujourd'hui, il ne sait plus.

81

PARKING LOTS

Native of the jungle,
Tarzan was not a lord,
like they said.
Sometimes he was just incognito,
between the apes'
parking lots.

82

CLONE

Le premier mammifère cloné, c'était encore il n'y a pas très longtemps. Elle s'appelait Dolly. On a parlé de ça partout pendant des jours. Bêêêêêêêêêêê! Imaginez, un double parfait, une réplique en labo, le triomphe de la science. On a aussi parlé d'éthique. Ce n'est pas rien, ça, l'éthique. Puis tout le reste, avec les prolongements, les conséquences et les dangers. On venait de dupliquer une brebis. C'était comme dans *Le meilleur des mondes*. Une seule question : ça pousse comment, des oranges sans pépins ?

83

RIEN NE SERT DE COURIR

Dans son sang séché,
la tête est belle,
le corps a explosé.

Un lièvre mort sur la chaussée.

Dans son sang séché,
le corps est froid,
la tête est éclatée.

Un écrivain mort sur le plancher.

84

LE BAR DE L'AUTRE CÔTÉ
DE LA RUE

Le film s'ouvre sur la ville de New York avec l'air de *Rhapsody in Blue* de Gershwin. Deux ans plus tôt, en 1977, Woody Allen réalise *Annie Hall*. Ianthe a dix-neuf ans. Ce soir elle va au cinéma avec son père, comme dans le bon vieux temps, quand elle était petite et qu'elle passait de nombreux week-ends dans l'appartement du boulevard Geary. Ils vont voir le dernier Woody Allen. Brautigan adore passer de longues heures dans les salles obscures. Il est prêt à regarder n'importe quoi. Ce qu'il préfère, c'est souvent les séries B. Mais pour l'instant, lui et sa fille sont devant *Manhattan*.

Le film est commencé depuis quinze minutes. Il tire sur la manche de Ianthe et lui glisse dans l'oreille qu'il va aller l'attendre dehors, dans le bar de l'autre côté de la rue. Richard n'a pas supporté *Manhattan*. Il est sorti au début de la représentation.

Il s'est aussi tiré au début d'une autre représentation. Il y avait Noureïev et les Grands Ballets à Frisco. C'était la première fois que notre pêcheur de l'Oregon allait voir un ballet. Il regarde tout le monde sauter depuis dix minutes. Il se tourne vers sa fille et lui demande à quel moment ils vont parler. Ianthe lui dit qu'au ballet on ne parle pas. Il est allé l'attendre dans le bar de l'autre côté de la rue.

85

CANADA DRY

Le grand-père maternel de Richard est né à Montréal en 1847. Son grand-père paternel est né en Allemagne en 1878. Mais il va lui aussi passer par le Canada. Le 15 octobre 1899, après dix jours de traversée à bord du S.S. *Dominion* en troisième classe, il débarque dans le port de Québec. Sa destination finale est le Wisconsin. Il fera le reste du voyage en train.

The Pill Versus the Springhill Mine Disaster est le titre d'un recueil de poèmes paru en 1968. Springhill est une ville de Nouvelle-Écosse au Canada. La catastrophe minière de Springhill est le premier évènement à avoir été entièrement suivi et diffusé en direct par une chaîne de télévision. Il s'agissait de CBS.

Pendant que l'Union soviétique envahissait la Hongrie et que naissait la crise du canal de Suez, trente-neuf mineurs mouraient à plus de mille mètres sous terre.

Brautigan dédie ce livre à Marcia Pacaud de Montréal, Canada.

Ce que Brautigan préférait dans son whisky, c'était du Canada Dry. À quoi ça rime, toutes ces histoires de Canada ?

86

CIRCA

Circa est un mot latin qui signifie *environ*. Il est régulièrement utilisé dans la langue anglaise pour désigner une date approximative en généalogie et en histoire. On l'abrège en *ca.* ou en *cca*.

Par exemple, si vous ouvrez une encyclopédie à la lettre L et que vous tombez sur saint Laurent, il est possible que ça commence ainsi : « Laurent de Rome (*ca.* 215-258) ». Ce qui veut dire qu'il est né vers 215. Nous n'avons pas la date exacte de sa naissance à Huesca, en Aragon, Espagne. Mais on sait qu'il est mort en martyr sur un gril, en 258 à Rome. Il est mort à petit feu. On le célèbre le 10 août, en mangeant de la viande sur le barbecue. LOL.

Un exemple plus récent est celui de « Chris Benoit (21 mai 1967–*ca.* 24 juin 2007) ». Il est donc mort aux alentours du 24 juin. En fait, on sait seulement qu'après avoir tué sa femme et son fils, ce champion de lutte s'est pendu et a été retrouvé le 24 juin. Mais il s'était peut-être pendu le jour d'avant. En tout cas, le week-end suivant, il devait participer à un championnat et le match a été annulé.

Plus une date est lointaine, plus la période de temps que *circa* englobe est large. Pour les cent dernières années, *circa* devrait être précis à cinq ans près. Pour la période embrassant toute l'histoire humaine, *circa* devrait être précis à cent ou deux cents ans près.

C'est pour cette raison qu'on écrit : Richard Brautigan (30 janvier 1935 – *ca*. 14 septembre 1984) est un écrivain américain. Ses romans et récits ont souvent à voir avec l'humour noir, la parodie, la satire et le zen bouddhiste. Il est surtout connu pour son roman *La pêche à la truite en Amérique*. Richard a été retrouvé le 25 octobre dans sa maison de Bolinas. Mais, en raison de l'état de putréfaction avancée de ses restes, le coroner a conclu que la mort remontait à environ un mois !

PAPIER MÂCHÉ

Dans *Willard et ses trophées de bowling,* Brautigan raconte l'histoire de deux couples et de trois frères. Bob et Constance vivent dans l'appartement au-dessus de celui de Patricia et John. Dans le salon de ces derniers, un oiseau en papier mâché à taille humaine trône au milieu de dizaines de trophées de bowling. Il s'appelle Willard. Les trois frères Logan, prêts à tuer, sont à la recherche des trophées de bowling qu'on leur a volés.

Bob aime deux choses. Il aime attacher Constance pour lui faire l'amour. Il aime aussi lui lire des extraits d'anciens poèmes grecs. Patricia et John aiment rigoler avec Willard. Les frères Logan n'aiment que leurs trophées. Entre les poètes de l'Antiquité, la dépression de Bob, l'émission de Johnny Carson et la détermination des Logan, la fin est tragique.

88

BIG IN JAPAN

Le soir du réveillon de 1963, après une autre engueulade avec Richard qui a encore trop bu, sa femme Ginny décide que ça suffit. Le jour de Noël, elle prépare sa valise et celle de Ianthe. Elles s'installent chez un ami. Brautigan accuse le coup. Il vide une bouteille. Il a publié trois recueils de poésie. Il participe à de nombreuses soirées de lecture. Son premier roman, *Un général sudiste de Big Sur,* va bientôt être publié. Il est en train de se faire un nom. Voilà bientôt dix ans qu'il est à San Francisco. Voilà bientôt dix ans qu'il se bat pour la reconnaissance. Va falloir sortir de l'underground.

Un général sudiste de Big Sur n'est pas un succès mais il fait entrer Brautigan sur le terrain du roman. Il n'est plus seulement poète, il est également romancier. La suite semble trop belle pour être vraie. La suite, ce sont les années peace and love. La suite, ce sont les Beatles qui chantent *Strawberry Fields Forever*. La suite, c'est Janis Joplin qui chante *Nobody Knows You When You're Down and Out*. La suite, ce sont les manifestations contre la guerre du Vietnam. La suite, ce sont les Black Panthers qui revendiquent des terres, du pain, des logements, la justice et la paix. La suite, c'est la mort de Lenny Bruce. La suite, c'est le premier numéro de *Rolling Stone*. La suite, c'est le LSD libre et gratuit. La suite, c'est Woodstock, Joan Baez, Jefferson Airplane, Joe Cocker et Zappa. La suite, c'est Brautigan qui se retrouve poète en résidence au California Institute of Technology. La suite, c'est Vonnegut qui fait publier *La pêche à la truite* par un grand éditeur new-yorkais. La suite, ce sont les cent mille exemplaires vendus dès la première année. La suite, c'est que, pour la première fois de sa vie, à trente-cinq ans, Brautigan n'a pas besoin de se demander comment il va payer le loyer. La suite, c'est qu'en quelques mois, il devient un auteur culte pour la jeunesse en pleine effervescence. La suite, c'est qu'il continue à publier, qu'on l'invite partout et qu'il prend un peu la grosse tête. La suite, c'est qu'avec un million d'exemplaires vendus, il s'achète un ranch dans le Montana et une maison à Bolinas. La suite, c'est la sortie de *Deep Throat*, c'est le Watergate, c'est le Larzac, c'est le Bloody Sunday. La suite, c'est qu'on est à peine au début des années soixante-dix et qu'il semble ne rien rester des années soixante. La suite, c'est *Orange mécanique* de Kubrick, *Le parrain* de Coppola, *Le dernier tango à Paris* de Bertolucci. La suite, c'est Brautigan qui se retire dans son ranch et qui va à la pêche avec Jim Harrison. La suite, ce sont quatre romans pas très bien reçus par la critique, ce sont les ventes qui baissent, c'est une bouteille de whisky par jour. La suite, c'est recevoir ses potes à Livingston dans le Montana. La suite, ce sont les copains restés sur la côte qui touchent le gros lot en écrivant des scénarios pour Hollywood. La suite, c'est être invité à Tokyo parce que, même si ça ne marche plus du tonnerre en Amérique, au moins, il peut se dire : « I'm big in Japan. »

89

SUPER BOWL

C'était vendredi soir. Il a croisé son ex la veille. Ça le brûle de partout à l'intérieur. Il n'a jamais compris à quoi ça servait. Ça lui a pris comme ça, un jour, à l'école. Ça lui a fait plaisir. Et, comme il n'y avait pas beaucoup de choses qui lui faisaient plaisir, il avait décidé de continuer à écrire. Ça le brûlait moins à l'intérieur.

Il a quarante-neuf ans. C'est vendredi. Il vit parfois en Californie, parfois dans le Montana. Sa fille s'appelle Ianthe. Ils se sont récemment disputés parce qu'il ne voulait pas aller à son mariage. Ils sont brouillés depuis. Il s'est arrêté chez Cho-Cho, un restaurant japonais. Elle, elle est née au Japon. C'est là qu'il l'a rencontrée. Ils allaient souvent chez Cho-Cho ensemble. C'est entre Broadway et Pacific. Le patron s'appelle Jimmy, un chic type.

Richard a bu un verre. Y avait pas beaucoup de monde pour un vendredi. Faut dire qu'il n'était que trois heures de l'après-midi. Il a discuté avec Jimmy en continuant à boire : whisky, whisky, whisky. Il a inventé une histoire de revolver. En fin de soirée il était fin saoul. Il est rentré chez lui, à trente kilomètres au nord de Frisco, à Bolinas. Un coin sauvage. Il y vit en ermite, dans une grande maison sombre sous les arbres, en bois, avec trois étages et un grenier tout noir. Il a mis de la musique, du piano. Il a posé le revolver sur sa table, au milieu des textes en cours. Puis il s'en est servi.

Jimmy n'aurait pas dû lui prêter son .44 Magnum.

90

LA FORMULE

Mais je m'écarte. À ce rythme, je ne vais pas avoir le temps pour ce livre à la couverture mauve, publié chez 10/18, *Einstein et l'univers*. Tout un programme ! Il me suit depuis longtemps. J'ai toujours voulu lire ce livre. Je ne l'ai pas encore lu. Ça m'a toujours titillé, cette histoire de relativité, de temps comme quatrième dimension, du fait qu'on ne puisse pas aller plus vite que la lumière et que le vieillissement est relatif, $E = mc^2$, bien sûr. Eurêka. Je me suis pourtant tapé pas mal de documentaires à la télé et d'émissions de radio sur le sujet : Einstein qui joue du violon, son enfance juive, son premier amour, le nazisme ; et je ne comprends toujours pas bien la formule. Je discerne dans l'ensemble le saut épistémologique que cela représente. Je sais tout ce à quoi cela a déjà donné lieu : romans et films avec machines à voyager dans le temps, Nagasaki, la phénoménologie, le laser et les déchets radioactifs. Je n'arrive pas à croire que l'espace, la matière et le temps sont une seule et même chose. Ils ont beau me faire de gentilles animations avec deux trains pour enfants qui se croisent avec à leur bord une lampe de poche et une montre, je ne comprends toujours pas la formule.

91

WEISSMULLER VS KAHANAMOKU

En 1922, le cirque des Shriners a l'idée de monter un spectacle à Hawaï où vont s'affronter les deux plus rapides nageurs du moment : Weissmuller et Kahanamoku. Ce dernier, qu'on surnomme The Duke, a battu le record du monde. Il a remporté la médaille d'or aux Olympiques à Stockholm en 1912. En 1916, « la der des ders » empêche la tenue des onzièmes olympiades. Ce n'est qu'en 1920 que le Duke peut remettre son titre en jeu. Il se retrouve à nouveau sur la première marche du podium. On dit qu'il était si rapide qu'au milieu de la piscine, il a pris le temps de se retourner pour constater son avance. Ça lui a coûté une seconde mais pas la médaille d'or.

De son côté, Weissmuller vient d'atteindre le record du monde à son tour et reste invaincu. La compétition entre les deux hommes-poissons s'annonce grandiose. Ils ne se sont jamais rencontrés. Les Shriners espèrent récolter une grosse somme. Ils mettent d'ailleurs le paquet en orchestrant une campagne de promotion internationale.

La plus grande compétition de natation de tous les temps n'aura pourtant pas lieu. Au dernier moment, le Duke se déclare souffrant et tout est annulé. Weissmuller a pris le bateau pour Hawaï pour rien.

Soixante ans plus tard, Brautigan débarque à Hawaï à son tour. À un moment, il a une idée. Il veut se faire photographier avec un poulet, un vrai poulet vivant, quelque part à Hawaï. Il veut cette photo pour faire une blague à ses amis. Il se voit de retour dans le Montana, accrochant au mur du salon une photo de lui et d'un poulet à Hawaï. Il se plaît à imaginer des amis debout dans le salon, un verre à la main. Ils regardent la photo. Ils se demandent ce que cela peut bien vouloir dire. Se tournant vers la cuisine où Richard est en train de faire cuire les pâtes, ils demandent : « Qu'est-ce que c'est, cette photo de poulet ? C'est un poulet spécial ? » Richard s'imagine qu'il répond simplement que non, il n'a rien de spécial ; et puis ne pas en dire davantage, juste laisser planer le mystère. Ce qu'il aime, c'est cet air perplexe sur leur visage. Brautigan tient un poulet dans ses bras et il est content.

Soixante ans plus tard, en 1982, Brautigan a eu plus de chance que Weissmuller.

Il n'a pas battu Kahanamoku au cent mètres nage libre, mais il a dans sa poche une photo où on le voit accroupi avec un poulet dans les bras à Hawaï. La première chose qu'il fait en arrivant dans son ranch du Montana, c'est d'épingler la photo au mur du salon et d'inviter quelques amis.

92

COVER GIRLS

Brautigan s'est marié deux fois, avec Virginia Alder en 1957 et avec Akiko Yoshimura en 1977. Ni l'une ni l'autre n'apparaît sur une couverture d'un de ses livres. Il a gardé cette place pour lui et d'autres femmes, quelques maîtresses, pas toutes.

Sur *La pêche à la truite en Amérique*, la jeune fille aux pieds de Brautigan est Michaela Clark LeGrand. Elle sera également sur une autre photo en compagnie de Richard et de Ianthe enfant. Ils sont dans une cuisine. Richard et Michaela ont été amants.

En 1968, Brautigan pose en gros plan avec Hilda Hoffman sur *Sucre de pastèque*. Puis, pour illustrer *The Pill Versus the Springhill Mine Disaster*, Marcia Pacaud nous regarde depuis l'intérieur d'un immeuble en ruine qui rappelle l'entrée d'une mine. Elle fixe l'objectif avec un air à la Brautigan. Son visage est long et fin. Ses cheveux sont blonds. Elle ressemble à Richard, son amant.

On sait qu'en 1969 il sort avec Valerie Estes. Elle est debout, un téléphone au bout du bras, adossée à une porte, sourire aux lèvres. C'est la pochette du disque qui devait être lancé par Zapple. On y voit aussi Richard avec un téléphone. Il adorait les conversations téléphoniques. Il pouvait passer des heures au téléphone. Il paraît que sur la pochette originale, en y regardant de près, on voit que son téléphone dispose d'un des tout premiers répondeurs téléphoniques. D'ailleurs, c'est sur ce répondeur que Valerie lui a laissé un message pour lui dire adieu. Pendant l'enregistrement du disque avec Richard, elle a sympathisé avec le producteur Barry Miles, qui lui propose de travailler pour sa maison de disques. Valerie accepte et quelques semaines plus tard ils sont chez Frank Zappa à Los Angeles pour une prise de son. Je vous laisse imaginer l'ambiance. Sur le répondeur Valerie dit qu'elle est désolée.

Sherry Vetter était sans doute sa partenaire en 1971. Maîtresse d'école du Kentucky, c'est elle qu'on voit sur la première édition américaine de *La vengeance de la pelouse : nouvelles 1962-1970*. Elle est assise à une table sur laquelle est posé un énorme gâteau au chocolat. C'est peut-être son anniversaire, mais il n'y a pas de bougies sur le gâteau. Elle sourit sans regarder l'objectif. Elle paraît regarder quelqu'un au second plan. C'est sans doute Brautigan qui se tient derrière Edmund Shea, son ami photographe.

Puis il y a Beverly Allen et Victoria Domalgoski. Il semblerait que Richard et Beverly ne sortent pas ensemble. Elle est l'amie d'un ami et simplement jolie. On fait une séance photo dans un carré de sable. C'est un clin d'œil au désert, au désert égyptien du titre du dernier recueil de poésie de Richard, *Rommel Drives on Deep into Egypt*. Erwin Rommel dirige la campagne africaine d'Hitler. On le surnomme le renard du désert. En couverture de *L'avortement, une histoire romanesque en 1966*, Victoria regarde Richard tendrement. Peut-être qu'elle s'est vraiment fait avorter à Tijuana. On ne sait pas. On sait qu'elle a été avec Richard. On voit qu'elle a des jambes magnifiques, des cheveux très noirs et un regard profond. Après sa liaison avec lui, elle enregistre un album de chansons et retombe dans l'oubli. Il reste d'elle une photo sur un livre.

La dernière femme à apparaître sur un livre de Brautigan, c'est Shiina Takako. Elle n'est pas sur la couverture, elle est au dos du livre, dans un bateau avec Richard. Une légende dit : « C'était une chaude après-midi et ils sont fatigués de pêcher. » On dirait plutôt qu'ils sont fatigués de vivre. Je ne sais pas s'ils ont eu une relation. Shiina tient un bar à Tokyo. Beaucoup d'écrivains s'y rencontrent. C'est le bar de Richard pendant ses séjours au Japon. Quand il ne reste pas enfermé dans sa suite au trente-quatrième étage de l'hôtel Kieo Plaza.

Au début des années quatre-vingt, il fréquente Marcia Clay et Janice Meissner. Elles ne sont sur aucune couverture de ses livres. D'où lui était venue cette idée ? Pourquoi toutes ces femmes, toutes ses copines sur ses livres ?

93

SINON, TOUT VA BIEN

Bon ben voilà, parfois faut y aller. Je ne sais pas comment dire. Ça fait une semaine que je tourne en rond. Je m'emmerde. Je n'arrive pas à trouver la moindre motivation, encore moins pour essayer de comprendre pourquoi je ne suis pas motivé. Tout est là, c'est l'unique question : est-ce que la vie vaut ou ne vaut pas la peine d'être vécue ? Sans motivation, la question est vite réglée, mais c'est sans compter avec le bagage génétique de tout être humain. La moindre de nos cellules contient en elle une obligation à la vie, à la survie. Il faut vivre et se reproduire. Ce message, cet ordre est gravé au plus profond de notre ADN. C'est une des raisons qui font que chaque suicide nous impressionne toujours autant. Combien d'êtres ont eu le courage de maîtriser leur dernier pas ? L'être humain est le seul organisme vivant capable de la volonté de s'autodétruire. Sinon, tout va bien.

94

TRADUCTION

Le dernier livre de Richard Brautigan a existé en français avant de paraître en anglais. En visite à Paris en 1983, un an avant son suicide, Brautigan remet le manuscrit à son traducteur et ami Marc Chénetier. *Cahier d'un retour de Troie* est publié chez Christian Bourgois en 1994.

Au mois de mai de l'année 2000 est publié à New York *An Unfortunate Woman: A Journey*. La fille de l'auteur, Ianthe Brautigan, donne enfin à lire le dernier roman de son père dans sa version originale. J'ai eu envie de produire la première traduction française de l'édition américaine définitive. C'était aussi une manière de me rapprocher de Brautigan. En le traduisant, j'avais l'impression de devenir un peu son intime.

Contrairement à Thierry Séchan, le frère de Renaud, qui a écrit un petit livre sur Brautigan, je trouve que ce bouquin posthume est un de ses meilleurs. C'est davantage un journal qu'un roman, du Brautigan à l'état pur. C'est un plaisir difficile à traduire.

95

C'EST COMME ÇA QU'IL A APPRIS QU'IL ÉTAIT SON PÈRE

Le téléphone sonne. Il répond.
— Monsieur Brautigan... Ici le shérif Watson. J'ai une mauvaise nouvelle à vous apprendre. Votre fils vient de mourir. Il s'est suicidé dans sa maison, à Bolinas, Californie. Le corps a été retrouvé hier, plusieurs jours après la mort.
— Mais je n'ai pas de fils ?
— Vous êtes bien Bernard Brautigan Junior ? C'est votre ex-femme qui nous a prévenus. Il avait quarante-neuf ans. Il vient de se suicider à San Francisco.
— Et qu'est-ce qu'il faisait ?
— Paraît qu'il était écrivain. Il a une fille aussi.
C'est comme ça qu'il a appris qu'il avait un fils. C'est comme ça qu'il a appris qu'il était son père.

« Je ne le connais absolument pas. On a le même nom de famille, c'est tout. Pourquoi on aurait attendu cinquante ans avant de me dire que j'avais un fils ? » C'est ce qu'a répondu Bernard Brautigan à un journaliste qui l'interrogeait à propos du récent suicide de son fils, un célèbre poète et écrivain américain qu'on surnommait le dernier des beatniks.

96

MAUVAIS PRESSENTIMENT

La pêche à la truite se termine avec le décès de monsieur Good.

« Ton père est mort cet après-midi » est la dernière phrase de *La vengeance de la pelouse*.

Dans *Un privé à Babylone,* on y revient encore et les derniers mots de C. Card sont les suivants : « Avec la seule différence que ce matin-là, au réveil, je n'avais pas un cadavre dans mon réfrigérateur. »

Deux ans avant de se tirer une balle dans la tête, il entame son dernier roman par ce paragraphe :

Dommage que je n'aie pu arrêter la balle dans sa course pour la remettre dans le canon de la .22 long rifle et qu'elle refasse en sens inverse la spirale, réintègre le chargeur et se resolidarise avec la douille, qu'elle se conduise enfin comme si on ne l'avait jamais tirée ni même chargée dans la carabine.

Son livre posthume s'ouvre sur la mort d'une femme et s'interroge sur le suicide d'une autre.

Entre ceux qui disent que le suicide de Richard était inévitable et ceux qui ne comprennent pas, je dis simplement qu'on pouvait s'y attendre. D'un autre côté, ce n'est pas parce qu'il écrit 1984 que George Orwell meurt de la tuberculose.

97

ON VERRA BIEN

Putain ! Je m'en souviens. On avait treize ans au Patinodrome. Montés sur nos patins à roulettes, on tournait en rond sur *Knock on Wood*. Boum, boum, boum ! Y avait des lumières partout.

À quinze ans on faisait des allers-retours en mobylette entre l'école et le boulevard Gaudreault. On était allés voir le show d'Iron Maiden. Ça sentait fort le cannabis.

À dix-huit ans on filait droit en bagnole direction Le Club, Madonna était encore *Like a Virgin*. Une autre tournée !

À trente ans je marche en diagonale jusqu'au centre-ville pour aller voir *Amarcord* de Fellini.

On verra bien.

I LOVE JAPAN

Jorge Luis Borges époux de María Kodama.
Pierre Loti époux de Okané-San.
Balthus époux de Setsuko Ideta.
John Lennon époux de Yoko Ono.
Pinkerton époux de Madame Butterfly (à Nagasaki).
Richard Brautigan époux de Akiko Nishizawa Yoshimura.

99

RÉVÉLATION

Il y a deux sortes d'écrivains. Ceux qui ont du talent et ceux qui ont besoin d'une bonne psychanalyse. J'ai longtemps pensé que j'avais du talent, jusqu'au jour où j'ai appris que ma mère n'avait jamais voulu d'enfant et que mon père n'était pas mon père.

100

MERCI, BECKY

Tom McGuane est né en 1939. Il veut devenir écrivain. Il va à l'Université du Michigan. C'est là qu'il se lie d'amitié avec Jim Harrison. Il publie son premier roman à vingt ans, *Le club de chasse*. C'est un succès d'autant plus grand que Hollywood en fait un film. Avec sa femme, Becky Crockett, il s'installe dans un ranch à Livingston dans le Montana. Becky est l'arrière-arrière-arrière-petite-fille du célèbre Davy Crockett.

L'autre grand succès de McGuane est *33° à l'ombre*. Hollywood achète à nouveau les droits et, en prime, c'est McGuane lui-même qui réalise le film. Peter Fonda, Warren Oates et Margot Kidder sont les têtes d'affiche. Ça se passe en Floride. Un jeune baroudeur rentre chez lui à Key West, où il veut monter une affaire de pêche. Mais il empiète sur le territoire d'un capitaine au long cours qui n'aime pas qu'on lui marche sur les pieds.

Becky assiste au tournage et se lie d'amitié avec le futur Captain America d'*Easy Rider*, Peter Fonda. Pendant ce temps, son mari en pince de plus en plus pour la future petite amie de *Superman*. Margot Kidder passera à la postérité grâce à son rôle de Lois Lane dans la série des *Superman* mettant en vedette Christopher Reeve.

Le tournage de *33° à l'ombre* est à peine terminé que Tom et Becky divorcent. Tom se remarie avec Margot, et Becky avec Peter. Tout le monde reste copain et ils retournent tous dans le Montana. Peter et Becky sont les nouveaux voisins de Jim Harrison et de Richard Brautigan. Tom McGuane est toujours dans le coin et s'entend très bien avec son ex-femme, qui va bientôt accoucher d'une petite Bridget Fonda, future *Jeune femme cherche colocataire*.

Becky Fonda fraternise avec Brautigan. Quand Ianthe, la fille de Richard, débarque au ranch, c'est Becky qui s'en occupe. Quand il faut préparer une grosse fête pour les potes de San Francisco qui arrivent demain, c'est Becky qui s'en charge. Si Richard a besoin d'aller faire des courses, c'est parfois Becky qui le conduit en Toyota ou en Mercedes. Lui, il n'a jamais eu de permis de conduire. Puis, un jour, tout le monde demande où est passé Richard. Ça commence à faire un moment qu'on n'a pas de nouvelles ? Ce mordu des coups de fil n'a téléphoné à personne depuis des jours. Personne ne l'a vu, et il n'est pas au ranch. Alors Becky se décide. Le 23 octobre 1984, elle appelle David Fechheimer. C'est un privé de San Francisco bien connu du milieu artistique. Il n'a pas la dégaine d'un Sam Spade mais il est efficace. Il commence par joindre un ancien collègue qui habite à Bolinas, Robert Yench :

— Salut Bob, c'est Dave. Je viens d'avoir un appel de Becky Fonda. Oui, oui, la femme de Peter Fonda. Elle est sans nouvelle de son ami Richard Brautigan. Il est écrivain. Il a un ranch dans le Montana mais il a aussi une grosse baraque à Bolinas pas très loin de chez toi. Est-ce que tu pourrais aller jeter un œil au 6 Terrace Avenue pour moi ? Ça m'éviterait de faire le déplacement parce que, demain, j'ai une grosse journée. Juste une balade de routine, rien de compliqué. C'est super sympa, merci, je te revaudrai ça.

Le 25 octobre 1984 au matin, Robert Yench découvre le corps putréfié de ce qui semble être un homme. Par terre, à côté du mort, repose un .44 Magnum Smith & Wesson. C'est le même modèle que celui de Clint Eastwood dans *L'inspecteur Harry*. La police confirme qu'il s'agit bien du corps de Richard Brautigan. Il s'est ôté la vie en se tirant une balle dans la tête.

Merci qui ? Merci, Becky !

101

POÈTE SUICIDAIRE
OU SUICIDE POÉTIQUE

L'autre jour, mon fils m'a demandé si Richard Brautigan était toujours vivant. Non, il est mort. Et comment il est mort ? Il s'est suicidé. Ça veut dire quoi, *suicider* ? Ça veut dire qu'il s'est tué. Comment il s'est tué ? Il a pris un revolver, il l'a posé sur sa tempe, comme ça, et bang !

Mon fils a huit ans. Au fur et à mesure de ses questions et de mes réponses, je me disais qu'il faudrait peut-être que j'explique la chose autrement. D'un autre côté, il a huit ans. Brautigan s'est suicidé. Je ne vais quand même pas lui raconter autre chose. Sauf qu'à huit ans, la mort, ce n'est pas très concret. C'est l'inconnu. Ça fait d'autant plus peur. Aurais-je dû éluder la question ? Ce n'est pas facile d'expliquer le suicide à un enfant.

Un jour, la fille de cinq ans de Ianthe Brautigan lui a demandé comment était mort son grand-père. Ianthe redoutait cette question depuis un moment. Elle a inspiré profondément et lui a répondu qu'il s'était suicidé. La petite a insisté. Elle voulait savoir comment. Avec un revolver. La petite a insisté. Elle voulait savoir où.

Dans sa maison. La petite a insisté. Elle voulait savoir où. Dans sa tête. La petite a insisté. Où exactement. On ne le saura jamais.

Pendant plusieurs jours, mon fils m'a posé des questions sur Brautigan et sur le suicide. Pourquoi il a fait ça ? Est-ce qu'il y a beaucoup de gens qui font ça ? Il est rentré de l'école hier avec un poème à mémoriser. Il dit qu'il n'aime pas la poésie. Il dit qu'il n'y comprend rien. Puis je me suis souvenu que je lui avais dit que Brautigan était un poète. Je me suis rendu compte qu'en fait, ce n'est pas la poésie qu'il n'aime pas, c'est le suicide.

102

FAITES LE ZÉRO

Bienvenue sur votre boîte vocale téléphonique.
Vous avez *un* message non écouté.
Ouais, salut, je voulais juste te dire que ça y est, je vais le faire. C'est devenu évident d'un seul coup. Je n'arrive même plus à comprendre pourquoi j'ai tant tardé. Alors je voulais juste te dire merci pour tous ces moments qu'on a partagés à refaire le monde des milliers de fois en cherchant une solution pour notre bonheur. On a longtemps tourné autour, et moi, aujourd'hui, j'ai décidé d'aller au bout de ma logique. Si je veux être honnête avec moi-même, et même avec ceux qui m'entourent, je n'ai plus qu'une seule chose à faire. J'ai choisi la méthode douce. Les têtes explosées, ce n'est drôle pour personne. Non, ça y est, j'ai mis un bout du tuyau d'arrosage dans le pot d'échappement de ma voiture et l'autre pend par la vitre du passager. Je vais raccrocher. Je vais aller m'asseoir dans la voiture. Je vais démarrer le moteur. Je vais lentement, puis de plus en plus vite, voir passer des bouts de ma vie. Dans une heure je serai mort.

Pour conserver le message, faites le un.
Pour effacer le message, faites le trois.
Pour plus d'options, faites le zéro.

103

MOUTON 2

Miel de mer
mais miel
amer

104

À VAU-L'EAU

Dennis Hopper est mort. Ça ne m'étonne pas beaucoup parce que la dernière fois que je l'ai vu c'était pour son intronisation au Walk of Fame sur Hollywood Boulevard et il avait l'air très mal en point. Il avait entre autres un bandage à la tête pour cause de chute dans un escalier. Jack Nicholson le soutenait. On aurait dit qu'il pouvait se casser en deux à tout moment. Elle était loin, l'époque d'*Easy Rider*.

Puis les jours ont passé et j'ai pris le train pour aller à Paris. J'ai acheté le journal. C'est là que j'ai appris la mort de Dennis Hopper. Il y avait un cahier spécial avec rétrospective, filmographie, amis, famille, gloire et décadence. J'y ai appris qu'il avait été un grand ami de James Dean et qu'il avait eu du mal à se remettre de sa mort. J'ai appris qu'il avait eu une carrière épouvantable malgré *Easy Rider*. Il était ensuite question d'*Apocalypse Now*, de Jack Nicholson, de Peter Fonda et de son come-back dans *Blue Velvet* de David Lynch.

Vers 1980, Dennis Hopper passe une nuit chez Brautigan à boire et à reboire. Au petit matin, Akiko, la femme de Richard, lui fait une scène terrible. Hopper, complètement bourré, est en train de saccager l'appartement pour trouver une bouteille de whisky. C'est peu après cet épisode qu'Akiko est partie. Elle en avait par-dessus la tête des beuveries.

Brautigan a toujours rêvé d'écrire un scénario pour Hollywood. À un moment, Hal Ashby, le réalisateur de *Harold et Maude*, s'intéresse à l'adaptation du *Monstre des Hawkline, western gothique*. Mais ça tombe à l'eau. Hopper est venu le réconforter. Résultat, Akiko le quitte. Après ça, il a l'impression que plus rien ne va, sinon à vau-l'eau.

105

ÉCRIRE

Quand tout le monde a envie d'aller au resto, si je reste seul, je m'en fous, je vais écrire. Quand tout le monde a peur de se retrouver au chômage, je m'en fous, parce que, si je n'ai plus de travail, je vais écrire. Quand tout le monde part en vacances, je m'en fous, parce que, si je reste là, je vais écrire. Quand il fait beau ou qu'il pleut, je m'en fous, parce que je vais écrire. Quand je me retrouve seul à l'aéroport ou dans le train, je m'en fous, parce que j'écris. Quand je mange tout seul le midi, je m'en fous, parce que j'écris. Quand il faudrait que j'aille dormir parce qu'il est bien assez tard, je m'en fous, j'écris. Dans la salle d'attente, j'écris. Dans les chambres d'hôtel, j'écris. Quand les jours sont trop longs, les plaies trop vives, l'espoir à zéro, j'écris. Le reste du temps, je me demande ce que je pourrais bien écrire.

106

UN FILS

On est en 1982. Brautigan visite Toronto. Il décide de prendre le tramway jusque dans le quartier chinois. Il va au cinéma. Il va voir un film de Tarzan. Ce n'est pas un classique avec Weissmuller, simplement un navet. L'actrice principale est plus connue pour son habileté à se dévêtir que pour la finesse de son jeu. *Tarzan* n'est qu'un prétexte aux gros plans sur sa poitrine. L'important, c'est que la moindre scène nous montre Bo Derek à moitié nue : une baignade, une attaque de singes, une blessure, etc.

Brautigan sort du cinéma. Il fait froid. Il trouve un bar, un bar louche, comme il les aime. La serveuse est jolie, malgré son air triste, ou bien grâce à. Richard ne s'en souvient pas. Il vide une autre bouteille. Elle le ramène dans son studio mal chauffé. Ils titubent dans la nuit canadienne. Il ne manque qu'une aurore boréale. Ils montent l'escalier. Elle ouvre la porte. Ils se posent sur le matelas. Elle lui enlève son pantalon. Il rit. Il est ivre et heureux. Il scande quelques phrases :

— Je ne veux pas écrire *Le fils de la truite en Amérique* !
Ses lèvres étaient tellement rouges... Les araignées sont mes meilleures amies. Tokyo, Tokyo, Tokyo.

Quand elle prend son sexe dans sa bouche pour le faire bander, il se tait. Il ferme les yeux puis bande. Elle relève sa jupe. Elle s'assoit sur son sexe. Il est ivre mort dans un studio mal chauffé. Elle bouge de haut en bas, de bas en haut, doucement puis rapidement, langoureusement puis par saccades, avec douceur puis avec violence, puis à nouveau, un peu, avec sa bouche, avec ses mains. Il est rarement facile de faire jouir un homme ivre. Mais elle n'est pas pressée, et lui non plus. Quand elle sent son gland écarlate au bord de l'effusion, elle remet son sexe sur le sien jusqu'à ce que le sperme de Richard Brautigan emplisse son ventre. Elle a vingt-quatre ans. Quand elle sent le liquide chaud en elle, elle se couche sur le dos et lève les fesses pour donner toute leur chance aux milliards de spermatozoïdes qui viennent de se lancer dans la course. Brautigan dort déjà, sourire aux lèvres.

Né le 13 février 1983 à Montréal, je suis le bâtard de Brautigan. Personne ne s'en souvient, sauf ma mère. L'année de mon premier anniversaire il s'est suicidé. Je suis le fils de Richard Brautigan.

107

:-(

« Richard Brautigan est encore assez drôle, mais il semble se complaire de plus en plus dans la contemplation de sa propre quintessence. »
— *The Observer Review*

« Pour les amateurs de Brautigan et de ses facéties, voici un nouveau livre à se mettre sous la dent; pour les autres, c'est un énième texte qui s'ajoute à un culte inexplicable. »
— *The Donnacona Tribune*

« Je ne doute pas que Brautigan ait passé un bon moment à écrire ce livre, mais moi, j'ai passé un mauvais moment à le lire. »
— *The Miami Herald* à propos de *Un privé à Babylone*

« Brautigan a encore l'esprit vif et guilleret, mais ici, ça sent le roussi. Et pendant que C. Card rêve de Babylone

[*seek hard*, bon nom pour un privé], nous rêvons d'un meilleur roman. »
— *The Boston Globe*

« Le *Tokyo-Montana Express* ne va nulle part. Et plus vite il sera arrivé, mieux ça vaudra. »
— *Los Angeles Herald-Examiner*

« Richard Brautigan produit des griffonnages verbaux plutôt que des nouvelles. Comment s'explique ce culte autour de Brautigan ? »
— *The Listener*, Londres, sur *Tokyo-Montana Express*

108

MONARQUES

Les papillons monarques (*Danaus plexippus*) migrent en groupe de millions d'individus sur plusieurs milliers de kilomètres en Amérique. Il s'agit d'un exploit qu'aucun autre insecte ne réalise. À l'automne, ils migrent vers le sud, surtout au Mexique. Au printemps, ils remontent vers le nord. Les monarques se regroupent en essaims la nuit et prennent leur envol le jour si la température est suffisamment élevée.

Après le suicide de son père, Ianthe retourne à la maison de Bolinas avec son mari et ses beaux-parents. On se gare devant la demeure. Elle ne peut pas descendre. Elle n'y arrive pas. C'est trop douloureux. Elle reste derrière la vitre arrière de la voiture. Son mari monte les marches. Elle regarde la maison et revoit sa chambre à l'étage. Il ouvre la porte. Elle est souvent venue ici. Cette maison lui a toujours fait peur. Une femme s'y est suicidée il y a longtemps. Brautigan et des amis disent qu'ils ont souvent vu son fantôme rôder dans la maison.

Ianthe l'a vu aussi. Son père vivait surtout dans le salon au premier étage, là où on a retrouvé son corps.

Son mari et ses beaux-parents sont dans la maison. Ils tirent les rideaux et ouvrent les fenêtres. Ianthe voit son mari à l'étage. Puis, quelque chose d'absolument incroyable se produit. Elle voit s'envoler au-dessus de la maison des milliers et des milliers de papillons monarques dans la lumière du jour. Un essaim s'était formé pendant la nuit dans le conduit de cheminée. Apeurés par les mouvements dans la maison, ils se sont envolés, emportant avec eux l'esprit de Brautigan.

109

RONALD REAGAN

Quand sa popularité chute, ce que Brautigan regrette le plus, ce n'est pas de vendre moins de livres. Ce qu'il regrette le plus, c'est Woodstock, les Diggers, « Faites l'amour pas la guerre », les couleurs fluo, les seins nus et les nuits blanches trop courtes. C'est ça qu'il regrette. La magie de la fin des années soixante a fait pshittttt. Les gars comme lui restés intègres sont finis, dépassés.

Tu n'as rien compris. C'était juste une belle grosse fête le temps d'un été. C'était le dernier round avant le choc pétrolier. Faut pas déconner, tu savais bien que ça n'allait pas durer. Tu as tiré un bon coup, tu t'es amusé mais maintenant faut rentrer dans le rang. Tu peux toucher le gros lot en étant consultant pour le département marketing de n'importe quelle grande entreprise. La came et le LSD gratuits, tout ça, c'est fini. Faut redescendre sur terre. Trouve-toi une femme, fonde une famille, fais des gosses. C'est ça, l'Amérique. Frisco a été un joli frisson mais faut se ressaisir.

Brautigan ne se suicide pas parce que ses romans marchent moins bien, il se suicide parce que ses contemporains ont trahi leurs idéaux. Ils se sont rangés et ont laissé tomber la liberté pour la sécurité. Les hippies ont troqué les chemises à fleurs pour des vestons-cravates. Ou bien ils se sont mis aux médecines douces, aux cristaux et au yoga. Pour faire court, on va dire que Brautigan se suicide parce que Ronald Reagan a été élu président des États-Unis.

110

SEPT CENT CINQUANTE DOLLARS

Allez tous vous faire foutre. Ça fait bientôt cinquante ans que je suis sur cette maudite planète et j'en ai plein le cul. J'ai la même maudite vie banale que vous depuis trop longtemps et ça me déprime. Franchement, je ne sais vraiment pas comment vous faites. Vous êtes tous là bien rangés dans vos petites cases à ne rien dire, à juste être contents d'exister comme des géraniums en plastique dans une salle de réunion au troisième étage d'une compagnie d'assurances qui doit virer la moitié de ses effectifs à la suite de son rachat par son plus gros concurrent. Non mais, c'est quoi ce monde de merde où on se défonce trois cent soixante-cinq jours par année pour se payer une télé couleur? Je suis tout à fait prêt à admettre que je me suis trompé, que j'ai perdu pied à un moment ou à un autre, que je suis trop con pour savoir y faire, mais franchement, je défie n'importe qui d'essayer de m'expliquer!

Sur Internet, j'ai trouvé un exemplaire de *La pêche à la truite* dédicacé de la main de Brautigan qui date de 1971. Il est à vendre pour sept cent cinquante dollars. C'est bien mieux qu'une télé couleur.

111

UNE COURONNE DE FLEURS

Brautigan adorait les araignées, les ombres, les pendus, les papillons, les cimetières, la guerre de Sécession et les femmes. Il aimait aussi les truites, la pêche, les ciels, le café instantané, le basketball, Frank Lloyd Wright, le *National Enquirer*, parler au téléphone et les noms de fleurs :

dandelion

daffodils *water lilies*

daisy

pissenlit

jonquilles nénuphars

marguerite

112

THE END

Brautigan n'aimait pas finir un livre. D'ailleurs, son premier roman propose de multiples fins. Il se termine par cent quatre-vingt-six fins par seconde. C'est la vitesse de la lumière en milles anglais. Puis, dans *La pêche à la truite*, le mot *mayonnaise* est une non-fin, c'est un postscriptum, ce n'est pas sérieux. Dans *Sucre de pastèque*, il finit en disant «j'ai écrit», comme pour renverser sa conclusion.

La seule fin que Brautigan ait vraiment réussie, c'est celle de sa vie. Il est arrivé à vraiment mettre le point final. Quand le point final a la forme d'une balle de .44 Magnum, il y a peu de chances que vous écriviez jamais une autre phrase. La suite semble fortement compromise.

113

HOMMAGE

Je n'ai jamais lu Philippe Djian. Je me souviens pourtant avoir été marqué par le film de Beineix, *37°2 le matin*. Puis le temps a passé. J'ai appris que Brautigan avait adoré *Diva* du même Beineix. Il avait demandé à son traducteur et ami Marc Chénetier d'arranger une rencontre avec le réalisateur à Paris. Chénetier réussit à organiser un repas avec pas mal de monde. Mais Brautigan se conduit comme un salaud. Lui qui a demandé à rencontrer Beineix, il ne lui adresse pas la parole de la soirée. C'est pour s'excuser du comportement de Brautigan que Chénetier a dédié un de ses livres à Beineix en ces termes : « Pour Jean-Jacques Beineix, dont je n'ai pas oublié la courtoisie... »

Dans la même semaine, Brautigan devait faire une conférence. On va le chercher à l'hôtel. En route, il insiste pour acheter une bouteille de whisky. Le temps d'arriver sur les lieux, la bouteille est vide. La salle est comble. Au moment de prendre la parole au micro, il est tellement saoul qu'il s'effondre. Fin de la conférence. J'ai découvert plus tard une interview de Beineix. Dans sa version, Brautigan accepte de venir à Paris si Christian Bourgois lui paye un billet pour Tokyo et lui présente le réalisateur de *Diva*. Selon Beineix, ils se sont saoulés au saké jusqu'à six heures du matin. J'ignore laquelle de ces histoires est vraie. Une même vérité a souvent plusieurs versions.

Je n'ai jamais lu Philippe Djian mais c'est lui qui a le mieux résumé l'œuvre de Richard Brautigan :
   « L'homme qui faisait tenir une tragédie grecque dans un dé à coudre. »

TABLE DES MATIÈRES

1. À votre santé 9
2. Jamais 10
3. Tacoma 12
4. Recette 15
5. Phytophthora 17
6. Curiosité 20
7. Procédure n° 901 22
8. Dans l'ancien temps 24
9. Joyeux Noël 25
10. Lo-li-ta 27
11. Le dernier des beatniks 28
12. Le 7 chanceux 29
13. :-) 30
14. Pêche 33
15. Fiancé 36
16. Le secret 37
17. Bâtard 38
18. Saint Antoine 40
19. Pourquoi t'as fait ça, Richard ? 41
20. Venise 43

21. Nid de coucou 45
22. Nadia portait le numéro 73 48
23. BANC MSS 87/173 c 50
24. On ne peut pas tuer un nuage 52
25. Reno 54
26. Son premier Brautigan 55
27. Le retour des rivières 57
28. Tout ce qui brille 58
29. Pipi de chat 59
30. Camping 60
31. Tarzana 61
32. American Revolution 1969 63
33. Libération 65
34. Procédure n° 1101 66
35. Air Canada 67
36. Ni dieu ni maître 68
37. Envie d'en 70
38. Wow ! 71
39. Prémonition 74
40. Vingt-six mots au fond de son armoire 75
41. Zapple n° 3 79
42. Drôle de goût 81
43. Gadget 82
44. Psy 84
45. QWERTY 85
46. Isaac 87
47. Eliphalet 89
48. IBM Selectric 92
49. *Playboy* 94
50. Underground 96
51. Capsule temporelle 97

52. Flower power ... 99
53. Fragments ... 101
54. *Give Peace a Chance* ... 103
55. De Porto à Riyad ... 104
56. J'ai fait un rêve ... 105
57. Babylone ... 106
58. Je suis arrivé au bureau vers 9 h 30 ... 108
59. Portez ce vieux whisky au chien paresseux ... 109
60. 13 février ... 111
61. Quatorze ans ... 113
62. Game over ... 115
63. Le Geary Boulevard tunnel ... 118
64. Mayonnaise industrielle ... 119
65. Pension Fornet ... 120
66. Sperme galactique ... 122
67. Table des matières ... 124
68. Écran géant muet seize neuvièmes ... 126
69. La force de la foudre ... 128
70. Welcome ... 130
71. I love chaos ... 132
72. Gregor Mendel ... 134
73. Huit pages ... 135
74. Cinécure ... 136
75. Comme une truite hors du torrent ... 137
76. Poème ... 139
77. Ce n'est pas la même chose ... 140
78. Au rythme de la machine à écrire ... 142
79. Quelque chose plutôt que rien ... 143
80. Acide désoxyribonucléique ... 144
81. Parking lots ... 146
82. Clone ... 147

83. Rien ne sert de courir	148
84. Le bar de l'autre côté de la rue	149
85. Canada Dry	151
86. Circa	153
87. Papier mâché	155
88. Big in Japan	156
89. Super Bowl	159
90. La formule	161
91. Weissmuller vs Kahanamoku	163
92. Cover girls	165
93. Sinon, tout va bien	168
94. Traduction	169
95. C'est comme ça qu'il a appris qu'il était son père	170
96. Mauvais pressentiment	172
97. On verra bien	174
98. I love Japan	175
99. Révélation	176
100. Merci, Becky	177
101. Poète suicidaire ou suicide poétique	180
102. Faites le zéro	182
103. Mouton 2	184
104. À vau-l'eau	185
105. Écrire	187
106. Un fils	188
107. :-(	190
108. Monarques	192
109. Ronald Reagan	194
110. Sept cent cinquante dollars	196
111. Une couronne de fleurs	198
112. The end	199
113. Hommage	200

< SÉRIE QR >

AMALVI, Gilles
    AïE ! Boum, poème-fiction, 2008
BERGERON, Mathieu
    La suite informe, poésie, 2008
BERNIER, Claude
    Ju, poésie, 2005
BOILY, Mathieu
    Cœur tomate, poésie, 2012
BORDELEAU, Érik
    Foucault anonymat, essai, 2012
BOTHEREAU, Fabrice
    Pan-Europa, poésie, 2005
BOUCHARD, Hervé
    Mailloux, roman, 2006
    Parents & amis sont invités à y assister, roman, 2006
BREA, Antoine
    Méduses, roman, 2007
BRISEBOIS, Patrick
    Trépanés, roman, 2011
    Chant pour enfants morts, roman, 2011
CHARRON, Philippe
    Supporters tuilés, poésie, 2006
COBALT, Loge
    Guillotine, poésie, 2003
COURTOIS, Grégoire,
    Révolution, roman, 2011

CLÉMENS, Éric
  L'Anna, roman, 2003
DAVIES, Kevin
  Comp., poésie, 2006
DE GAULEJAC, Clément
  Le livre noir de l'art conceptuel, dessins, 2011
DE KERVILER, Julien
  Les perspectives changent à chaque pas, roman, 2007
DIMANCHE, Thierry
  Autoportraits-robots, poésie, 2009
DUCHESNE, Hugo
  Furie Zéro, bâtons, poésie, 2004
DUFEU, Antoine
  AGO – autoportrait séquencé de Tony Chicane, récit, 2012
FARAH, Alain
  Quelque chose se détache du port, poésie, 2004
  Matamore n° 29, roman, 2008
FROST, Corey
  Tout ce que je sais en cinq minutes, fictions, 2012
GAGNON, Renée
  Des fois que je tombe, poésie, 2005
  Steve McQueen (mon amoureux), poésie, 2007
KEMEID, Olivier, Pierre LEFEBVRE
et Robert RICHARD (dirs)
  Anthologie Liberté 1959–2009 :
  l'écrivain dans la cité – 50 ans d'essais, 2011
LAUZON, Mylène
  Holeulone, poésie, 2006
  Chorégraphies, poésie, 2008

LAVERDURE, Bertrand
Sept et demi, poésie, 2007
Lectodôme, roman, 2008
LEBLANC, David
La descente du singe, fictions, 2007
Mon nom est Personne, fictions, 2010
MIGONE, Christof
La première phrase et le dernier mot, 2004
Tue, 2007
NATHANAËL
Carnet de délibérations, essai, 2011
Carnet de somme, essai, 2012
PHANEUF, Marc-Antoine K.
Fashionably Tales, poésie, 2007
Téléthons de la Grande Surface, poésie, 2008
Euphorie libidinale dans le meat market, poésie, 2012
PLAMONDON, Éric
Hongrie-Hollywood Express, roman, 2011
Mayonnaise, roman, 2012
POULIN, Patrick
Morts de Low Bat, fiction, 2007
RÉGNIEZ, Emmanuel
L'ABC du gothique, fiction, 2012
RIOUX, François
Soleils suspendus, poèmes, 2010
ROBERT, Jocelyn
In Memoriam Joseph Grand, poésie, 2005
ROCHERY, Samuel
Tubes apostilles, poésie, 2007
Mattel, fictions, 2012

ROUSSEL, Maggie
    Les occidentales, poème, 2010
SAVAGE, Steve
    2 x 2, poésie, 2003
    mEat, poésie, 2005
SCHÜRCH, Franz
    Ce qui s'embrasse est confus, poésie, 2009
    De très loin, fiction, 2012
STEPHENS, Nathalie
    Carnet de désaccords, essai, 2009
VINCENT, Dauphin
    Têtes à claques, poème narratif, 2005
WREN, Jacob
    Le génie des autres, proses théâtrales, 2007
    La famille se crée en copulant, proses, 2008

Achevé d'imprimer au Québec
en août 2013 sur papier Enviro Édition
par l'imprimerie Gauvin.